学生に賃金を

栗原 康

新評論

はじめに

欲進無才／将退有逼
進退両間／何夥歎息
（空海『三教指帰』797年）

学問をやると食えなくなる。さいきん、空海の『三教《さんごう》指帰《しいき》』を読んでいて、あらためてそうおもった。「進んで士官せんとすれば身に才能はなく、退いて静黙せんとすれば貧しさに追いたてられる。進むと退くとのはざまのなかで、ただただもれるのはため息ばかりだ[1]」。これは24歳のとき、空海がみずからの苦境をつづった詩である。もともと、空海は京都の大学で儒教をまなび、官職に就こうとしていた。だが、勉強していくうちに、どうしても仏教がおもしろくなってしまい、大学をやめて出家してしまった。仏教は、いまでいう哲学・思想であり、国家の役になんてたちはしない。期待していた家族や親戚はがっかりし、やいのやいのいってきたようである。だれからも支援をうけられず、ひきとってくれる寺もなく、ひとり山岳修行にあけくれた。ぜんぜん食えない、どん底だ。31歳まで、この状態がつづく。

♠♠♠♠♠

1　空海『三教指帰』福永光司訳、中央公論新社、2003年、163頁を参照のこと。

あの空海ですら、そうだったのである。よく考えてみると、いまでも食えない院生や研究者はおおいが、『三教指帰』は７９７年に書かれたものだから、日本ではこの１２００年、おなじことがつづいてきたといえるだろう。

わたしはいま35歳、年収は80万円で、借金は６３５万円。借金は日本学生支援機構から借りた奨学金だ。これでも収入はあがってきたほうで、２００９年に大学院をでてから去年（２０１３年）まで、年収は10万円しかなかった。食えない。職業は、大学非常勤講師。半期で1コマの仕事しかなかったので、コマ数をふやしたくて、いろんな大学に応募してみたのだが、ひとつもとおらなかった。とうぜん奨学金は返せないので、猶予してもらってきた。年収３００万以下であれば、5年間は猶予してくれる。だが、その期限も今年（２０１４年）の9月できれる。どうしたものか。この間、日本学生支援機構の返済とりたては、ハンパないものになっている。６年まえ、財産差し押さえの裁判は、年間5件くらいしかなかったのだが、いまでは年間６０００件をこえている。こわすぎる。もちろん、とられてこまるほどの貯金なんてないのだが、それでも差し押さえとなると、にっちもさっちもいかなくなる。たとえば、今年から知人の紹介で、山形の大学でも非常勤のコマをもらえることになったのだが、交通費が1回に2万円ほどかかる。たぶん、口座を差し押さえられると、大学にいくカネもなくなってしまうだろう。「貧しさに追いたてられ、ただただもれるのはため息ばかりだ」。大学にいきたい。

そもそも、日本では研究者になるためのハードルがたかすぎる。カネだ。まず、大学にいくにはカネがかかる。私立では年間90万円、国公立でも55万円。親の収入ではたりなければ、奨学金だけがたよりなのだが、日本の公的奨学金には借金しかない。しかも、そのほとんどが有利子だ。学部4年間借りると、だいたい400万から500万円、大学院修士、博士の5年間借りると、600万から700万円になる。両方借りていた学生は、卒業までに1000万円をこえるわけだ。わたしは大学院から借りていて、しかも無利子だからまだいいほうなのだが、有利子で借りていたひとは、ほんとうに大変だ。返済がとどこおり、利子だけで100万、200万とふくらんでしまうこともすくなくない。

だから、利口な学生たちはおもしろいとおもう研究があったとしても、ふつう大学院には進学しない。これ以上、借金なんてしたくないからだ。じつのところ、院生になっても、みなおなじ。食いっぱぐれたくないというおもいから、自分の意に反することであっても、教授の指示にしたがってしまったり、おもしろいとおもっていなくても、人気があって就職先がありそうな研究分野をえらんでしまったりする。これは仕事である、おもしろいとおもうものは大学の専任講師になってからやることにしよう、いまはガマンだ。はじめはみんなそうおもっているのだが、気づいたらあたまがひっくりかえってしまっている。教授にほめられ、就職につながるのがよい研究だ、それにしたがえない連中はひとりよがりの愚か者である。あべこべだ。だが、いちど借金にビビらされると、わけのわからないうちにカネを返すための行為に駆りたてられてしまう。

この数年、わたしは友人たちと大学の奨学金問題を論じたり、日本学生支援機構におしかけてみたり、文科省にクレームをいいにいったりしてきた。もともとの論拠は、世界の常識からして、日本の大学制度がおかしいということであった。ヨーロッパでは、大学の授業料は基本タダ、生活費がたりないものには奨学金が給付される。借金ではない、もらえるのである。うらやましい。ちなみに、授業料がたかいことで有名なアメリカだって、給付型の奨学金制度は充実している。日本はどちらもないのである。それで、これは世界的にみておかしいといいつのってきたのであるが、最近、もうちょっと問題はシンプルなのではないかとおもうようになっている。

あとでくわしくふれるが、イタリアの社会学者マウリツィオ・ラッツァラートの『〈借金人間〉製造工場』によれば、資本主義の根幹は借金である[2]。あたりまえかもしれないが、もともと人間はモノとちがって交換できるものではなかった。それを可能にしたのが借金である。カネを借りて返せないのは恩知らずであり、人間ではない。切りきざまれても、なにをされても文句はいえず、それが奴隷制の起源になった。奴隷の側も、負い目があるからさからえない。むしろ、すすんでしたがってしまう。この奴隷労働こそ、人間やその行為をカネで交換可能なものにしたのであり、労働力商品の原型になったのであった。資本主義は、借金によってうごいている。そう考えると、問題はとてもシンプルなのではないか。ひとを奴隷のようにあつかうのはわるいことだ。だとしたら、資本主義はわるい、借金もわるい、あれ？　借金は返さなくてもいいのではないだろうか。借りたものは返せない。もちろん、そんなことをいっていても、法律的にとられるものはとられてしまうのだが、しかしこの大前提からはいらなければ、ひとの思想と行動を借金から、負い目から解き放つことはできないのではないかとおもっている。

1200年まえ、わかき日の空海は立身出世の道をはずれ、仏門にくだった。身内からはさんざんに

♠︎♠︎♠︎♠︎♠︎

2　マウリツィオ・ラッツァラート『〈借金人間〉製造工場』杉村昌昭訳、作品社、2012年。

責めたてられ、よほどの負い目をせおったはずだ。だが、空海はぜんぜんめげたりはしない。山にこもり、ときに土佐の室戸岬にでかけて、お経を百万回となえた。そして書きあげたのが『三教指帰』である。この本のテーマはただひとつ。立身出世の学問である儒教を批判することだ。くたばれ、儒教。さよなら、幸せ。きっと、悟ったのだろう。どうせ栄華をきわめたって、死んだら朽ち果てて、虫に食われて消えるだけだ。だったら、好きなことだけやって生きていきたい。仏に負い目はありゃしない。いつだってとんぼのように、極楽にむけてひとっとびだ。とんぼついに舌をだす。借りたものは返せない。

さて、これから本書では、大学の無償化について論じていく。なぜ、大学はタダでなくてはならないのか、なぜ、日本の大学は授業料がたかくて、奨学金には借金しかないのか。そんな疑問に一つひとつこたえていくつもりだ。ひとがなんの負い目にもしばられずに、好きなことを好きなだけ考えて、好きなように表現していくことは可能だろうか。いがいとふだんからやっている気もするのだが、しかしそれをめいっぱいやらせてくれるのが、無償の大学だ。逆に、ひとを負い目でしばりつけ、はたらくことに必死にさせるのが学費（授業料＋生活費）と借金である。大学の学費をタダにして、返さなくてもいい奨学金を創設しよう。大学の無償化は、真の自由を手にするのとおなじことだ。

補足

この文章を書いていたとき、奨学金返還の猶予期間は最大5年間だったのだが、じつは2014年4月から10年間に延長されることになった。やったぜ。首の皮一枚つながったわけだ。正直、もうだめだ、いくら5万、10万おおく稼げるようになったとしても、ぜんぶ日本学生支援機構にまきあげられてしまう。そうおもっていたのだが、まあなんとかなるものだ。この間、わたしは自暴自棄になっていて、どうせとられるのだからと、わずかばかりのバイト料をムダにつかいまくっていた。たかい古本や全集のたぐいをバシバシと買いまくる。わたしは実家で親と同居しているのだが、みかねた母親に怒られ、通帳を没収されてしまったほどだ。しかし、もうそんなことをする必要はない。うれしすぎる。通帳ももどってきた。もちろん猶予期間が延長されただけであって、まだまだぜんぜんたりない。もともと、給付型奨学金がなかったのがわるいのだから、いまある借金はぜんぶチャラにしてほしい。それがダメなら、せめて低所得者は期限なしで返済猶予だ。極楽まで、あとひとおし。本書が、そのための一助になってくれたらとおもっている。むこうからいってくれるだろうか、貸したものはあげたものだ。いいよ。

学生に賃金を◆目次

第1章◆大学無償化の思想

学生に賃金を

学生に賃金を。この言葉をはじめて目にしたとき、いったいなにをいっているのだろうとおもった。2003年くらいだったろうか。そのころ、わたしは大学院の博士課程にあがっていて、学部生のころから計算すると、それこそ何百万円もの授業料を大学にしはらっていた。親からはそうとうな額の援助をうけていたが、もちろんそれだけではたりないのでアルバイトをしたり、大学院にはいってからは、日本学生支援機構から奨学金を借りて、それを授業料と生活費にあててきた。奨学金といっても日本の場合、ほとんどがローンなので返さなくてはならない。さきほども述べたとおり、わたしは大学院の修士課程、博士課程の5年間、奨学金を借りていて、総額635万円。これでもましなほうで、学部生のころから借りていた後輩などは、すでに1000万円をこえるローンをかかえている。しかし正直、学生時代のわたしは、それがあたりまえなんだろうとおもっていた。なぜかというと、それ以外の選択肢を知らなかったからだ。

もちろん、文系の大学院をでて就職先があるわけではない。だから正直、たまに不安になったこともあるし、友人のなかには精神的にも肉体的にも病んでしまい、連絡のとれなくなったひともいる。なんで勉強するのに、こんなにつらいおもいをしなくてはいけないのだろう。そうおもって、お世話になっている大学の先生にグチをこぼしてみると、たいていはおなじような答えが返ってくる。「わたしたち教員はきみたちが必死に稼いだお金をもらっています。だから授業では、できるかぎり良いサービスを提供しなくてはいけませんね」。そういわれてもなんの解決にもならないのだが、まあそうだろうくらいにおもっていた。高い授業料をはらってきたのだから、それ相当のことはやってもらいたいなあと。

そんなときに読んだのが「学生に賃金を」というタイトルの文章だった。おかしなことをいうひとがいるものだとおもい、まゆをひそめながら目をとおしてみた。だが、よめばよむほど、自分の生活実感にあったことが書いてある。


実際のところ、大学生は二重の意味で労働者である。

第一に、教育費と教育期間を食いつなぐための生活費を稼がなければならない。本分の研究とはまったく関係なく、無駄な賃労働に従事し、消耗を強いられる。

第二に、教育という商品が、商品という体裁を保つための不可欠な要素として、大学生は大学生であらねばならない。

第二の労働には、単に授業に出席するという水準から、そこで語られた内容を覚えること、明るく穏便にふるまうこと、大学自治の体裁のために忙しく活動することまでが含まれる。大学生たちの持続的な活動と創意と忍耐がなければ、大学生は存在しえないし、大学は大学でなくなってしまう[1]。

いわれてみればそのとおりだ。学生はみんなはたらいている。文字どおりの意味で、おおくの学生が大学にかようためにアルバイトをしている。２０１２年の日本学生支援機構「学生生活調査」によると、アルバイトをしている大学生の割合は74％、うち40％は学費をかせぐためにはたらいているという。ほんとうは本末転倒なはなしだが、せっかく大学にはいっても学費を稼ぐためのアルバイトが忙しすぎて、読みたい本を読む時間すらとれないという学生だってかなりいる。それから、大学で勉強すること自体が仕事だという指摘だってそのとおりだろう。まちがって1限目の授業をとってしまい、真冬の朝、出席のために寒さと眠気にたえて授業にでる。そして、その授業が最悪につまらなかったとき、その苦役にたいしてお金を要求したいとおもったことがなんどあっただろうか。あるいは、論文提出のために、たとえ教授にセクハラやパワハラまがいのことをされても、笑顔をたもち、じっとたえつづけたという学生がどれだけいることだろう。たしかに、学生はいつも仕事をしている。いや、させられている。

しかし、もうすこし勉強するということをひろげて考えてみると、学生たちは、苦役という側面ばか

♠♠♠♠♠

1　矢部史郎「学生に賃金を」、『愛と暴力の現代思想』青土社、２００６年、１１４頁。

りでなく、もっと大切なこと、たのしいことをやっているといえるかもしれない。そもそも、大学での知的活動は教員だけがやっているわけではなく、学生もやっている。たとえば、哲学でも文学でも歴史でも、授業のときに教員が学生になにかをおしえたとする。興味をもった学生のなかには、それを前提として読書会をひらき、よりあたらしい独創的な考えかたをうみだすものもいるだろう。教員によっては、学生の反応に刺激をうけて自分の議論をふかめることだってあるかもしれない。というより、教員にしてもはじめから独自の意見があったわけではなく、その分野の知的伝統をいかして、自分なりの意見をくみたてている。ようするに、たいていはぜんぶコピペなのだ。だから、教員にしても学生にしても、やっていることはそれほどかわりはない。知識とは、いちどつかったら消耗してしまうような商品ではなく、むしろつかえばつかうほど、１００人いれば１００人ぶんだけ多様な知識が加算されるものであり、しかもつねに議論の前提としてあらゆる人びとに共有されるものなのである。

近年、さかんに大学の無償化について論じている白石嘉治さんは、こうした大学の知的活動を共同財とよび、つぎのように述べている。

> 原理的なことだけを言うと、大学であつかわれるような認識や言語、あるいは科学的な知識等は、本来は交換のロジックになじまない。つまり経済学が前提としているようなトレードオフ、あるいは経済学の財が前提としているような希少性のロジックには乗らないものです。
>
> そうした認識や知識などは「共同財」ともいわれます。それを提示しても手元から失われないの

で、交換のロジックではとらえられない。そこではトレードオフの原理は働かない。そして希少性の原理とは、あるものを無償にした場合、万人が使えば枯渇するので、そこに価値としての価格が発生するということですが、認識や知識、あるいは芸術作品の鑑賞などもふくめて、大学という場所の根幹をなす「共同財」は希少財ではない。いくら使っても枯渇しない。にもかかわらず、人間にとって価値のあるものである[2]。

ふつう、経済学の財は希少性があるからこそ価値があり、そこに価格が発生するとされている。こうした前提があるからこそ、カネをもらって財を提供する生産者と、カネをはらって財をうけとる消費者との取引がなりたっているのだ。これにたいして、共同財には希少性がない。いくらつかっても、なくなることはないのである。もちろん、なんの価値もないというわけではない。みんながつかえばつかうほど、自分にとっても他人にとっても、おもしろい、価値があるとおもえるものがどんどんふえていく。大学の知的活動とはそのようなものであり、経済学の財とはぜんぜん性格がちがうのである。この場合、生産者と消費者の区分はなりたたず、共同財にふれているすべての人びとが、他人の活動にただ乗りしているともいえるし、みんながみんなはたらいているともいえるだろう。

ここまで考えてみると、さきほどはなした大学の先生の言葉がおかしくおもえてくる。先生はこうい

♠ ♠ ♠ ♠ ♠

2　「討議　大学の困難」、『現代思想』2008年9月号、84頁。白石嘉治さんの大学論については、『不純なる教養』（青土社、2009年）も参照のこと。

っていた。「わたしたち教員はきみたちが必死に稼いだお金をもらっています。だから授業では、できるかぎり良いサービスを提供しなくてはいけませんね」。なにかちがう。おそらく、わたしたちは学生のとき、消費者であったばかりではなく、教員とともに知的活動をおこなっていたはずだ。それなのにカネをもらうどころか、はらわされてきたのはなぜだろう。だいたい、大学の授業で身につけたことなんて、ただのひとつでもあったのだろうか。自分をふりかえってみたとき、おもしろいことはたいてい、サークルの勉強会や友人とのおしゃべりで学んできたことだったのではないか。つまらない授業で時間をつぶされたとき、それは知的活動をおこなう大切な時間がうばわれていたわけだし、アルバイトが忙しくて読書の時間もとれなかったとき、それはカネだけはらわされて知的活動にかかわる権利をうばわれていたわけである。カネがなくて入学できなかったひともふくめると、大学の授業料は、ほんとうにおおくの人たちから知的活動の権利をうばいとってきた。このことをはっきりさせるために、もういちど「学生に賃金を」という文章を引用してみよう。

学生に賃金を。

大学にカネを払って、なにかをしてもらえたか。なにかをしてやっているばかりではないのか。講義に付き合ってやるという作業は、それだけで賃金を要求するに足る労働である。その講義の内容が十分にくだらないものであれば、1・25倍の額を要求しなければならない。大学に奉仕させられてきた未払い分を要求しよう。学費として納めたカネを奪い返し、研究のために奉仕させよう。

研究のためには、なにかを考える時間と考えない時間がたっぷり必要だ。仕事に追われていたのではろくでもないことしかおもい浮かばない。生活費はすべて、大学がまかなうのが本来だ。研究費とあわせて生活費も要求しよう[3]。

わたしたちはあまりに不当に学費をはらわされてきた。そろそろ返してもらってもいいはずだ。あわせて未払い分の賃金ももらえれば、ゆっくりと研究する時間をつくることができる。日本の学生は世界でもまれにみるほどたかい授業料をはらわされておきながらも、大学の進学率は5割をこえていて、しかも通信大学や放送大学、専修大学までふくめると、8割ちかい進学率である。みんなそれほどまでに勉強をしたがっているのに、そこに研究費と生活費がしはらわれていなかったのは、どういうことなのだろう。逆に、カネがでるようになったら、きっと予想もしなかったようなとんでもない力が発揮されるようになるにちがいない。

もちろん、それでこの社会がよくなるかどうかなんてわからない。でも、いま生きていて息苦しいのが、小学校から高校にいたるまで、就職のためになにも考えずに受験勉強しろといわれたり、大学にはいってからも就職することだけを考えろといわれたり、就職してからも家族のためにはたらくことだけを考えろといわれたりしていることなのだとしたら、その原因はずっと就職のためにああしろこうしろといわれていて、自分の人生をゆっくりと自分で考えることもできないことにある。だから、たった4

♠ ♠ ♠ ♠ ♠

3　矢部史郎「学生に賃金を」、『愛と暴力の現代思想』青土社、116頁。

年間でいい、カネがあって好きなことを好きなだけ考えてもいい時間があったとしたら、それはどんなにすばらしいことだろう。たぶん、だれもがとてつもない解放感をかんじ、ああ生きていてよかったとほんきでおもうはずだ。その後の人生もぜんぜんかわってくるにちがいない。学生に賃金を。この息苦しい社会を終わらせよう。いつだっておもうのだ。本が読みたい、酒が飲みたい、カネがほしい。

アウトノミア運動——ヨーロッパの大学無償化

しかし、そうはいっても、学生に賃金をという言葉には、まだ抵抗感があるひともおおいかもしれない。だが、ヨーロッパの大学授業料がタダであることや、カネがかかっても年間数万円であることは、知っているひともいるのではないだろうか。じつのところ、高等教育無償化がヨーロッパで普及したのは、1970年代初頭。そして、その思想の源流が「学生に賃金を」であるといったらどうだろうか。ちょっとおおげさないいかたかもしれないが、**「学生に賃金を」は大学無償化の神髄なのである。**まずはヨーロッパの歴史をふりかえり、この思想が具体的にどのような文脈で主張されたのかをみてみよう。

1960年代末、学生叛乱が世界中でふきあれた。とくに、イタリアの学生叛乱は、学生賃金をスローガンにかかげていたことで有名である。1967年2月、イタリアのピサ大学の学生が大学占拠を決行し、サピエンツァ・テーゼという綱領文書を発表した。そこにはこう書かれていた。こんにちの資本主義では、高度な先進技術にもとづいて、生産活動がおこなわれるようになっている。おおくの仕事で、大学レベルの知識が必要とされるようになっているのであり、大学生は未来をになう大切な労働力だと

いうことができる。かつて、大学にいけるのは特権的なエリートだといわれていたが、もはやそうではない。大学生は次世代の労働力であり、労働者階級の一員として考えるべきだというのであった。というか、学生は資本主義をささえるために、大学で先進技術を学習させられているのであり、その時点ですでにはたらかされている。もっとはっきりいえば、大学生はタダ働きをさせられているのであり、かんぜんに搾取されている。だとしたら、いま大学生が要求するべきなのはなにか。学生に賃金を。この言葉は、イタリアの大学占拠のスローガンとして、全国の大学にうけいれられていった。

じつはこのころ、イタリアでは大学改革法案というのがだされ、これに反対するうごきがひろがりはじめていた。法案では、大学にたいする政府の介入をきびしくするとされており、大学の自治が破壊されると考えられた。これには学生ばかりでなく、大学教授や非常勤講師もふくめて、大学にかかわる大勢の人びとが反対した。

そのさなか、ピサ大学で全国学長会議がひらかれ、学長たちが政府の方針にしたがう決議をだそうとしている。これはやるしかない。学生たちは大学を占拠し、全国学長会議に対抗して、さきほどのサピエンツァ・テーゼを発表したのであった。このうごきはすぐに波及効果をおよぼし、トリノ、ナポリ、ジェノヴァ、トレントでも大学占拠がおこった。そして5月になると、ミラノ、ローマ、ボローニャにもひろがり、全国的な学生叛乱に発展していった。

ちなみに、おなじ年の11月、トリノでふたたび大学占拠がおこった。建築学部の移転に反対した学生が学長室を占拠し、つづいて法文学部の学生も校舎を占拠したのである。大学は警察を導入し、いちどは封鎖を解除したが、学生たちも負けてはいない。またすぐに大学占拠を開始した。授業が再開されても、学生たちはそこにもぐりこみ、教授たちに議論をふっかけて授業妨害をくりかえした。そして、三度目の大学占拠がはじまると、学長はついに文学部、法学部、教育学部の全面封鎖を命じ、全学生を大学から排除した。イタリアでは、こうした事態は異例なことであったため、トリノの叛乱という名称がついたほどであった。翌年になると、大学占拠はさらに過熱し、1968年2月には、なんと全大学の6割以上、28校が占拠状態になった。その後も、大学占拠はパリ五月革命とも連動し、翌年6月の夏休みまでやむことはなかったという。

さて、「学生に賃金を」はこうした学生叛乱のなかで提起されたわけだが、その理論的根拠になったのは、1960年代のオペライズモであった。オペライズモは、労働者主義という意味で、当時のイタリア左翼に共通の言葉であり、共産党系の知識人から新左翼の活動家にいたるまではばひろく共有されていた。なかでも、キーワードとなったのが、マリオ・トロンティやアントニオ・ネグリによって提起された社会工場という概念である。社会工場とは、文字どおり社会全体がひとつの工場になったことを意味している。こんにちの資本主義の支配は、工場や会社のオフィスのようないわゆる生産の領域にとどまらず、再生産の領域にまでおよんでいる。というか、そうしなければもはや資本主義がなりたたなくなっている。たとえば、工場の生産活動がなりたっているのは、再生産の領域でいそがしい家事をやりくりする女性がいるからであるし、高度な先進技術をまなばされてきた学生がいるからであるし、いつでも安くてキケンな日雇い仕事をひきうけてくれる失業者がいるからである。みんながみんな四六時中、社会工場ではたらいている。はたらきすぎだ。

学生も、失業者も、主婦も、みんな社会的労働者とよぶべき存在である。しかも、みんなおもむろにタダ働きをさせられている。搾取だ。なんで、女性は夫の世話をさせられ、子どもをそだて、ときに親の介護をさせられているのに、カネがでないのか。なんで、学生は仕事のためにつまらない勉強をさせられているのに、カネがでないのか。なんで、失業者はいつでもどこでもはたらきにでられるように、苦しいおもいをして食いつないでいるのに、カネがでないのか。おかしい。

家事労働に賃金を
学生に賃金を
失業者に賃金を

この時期、トロンティやネグリは、こうした議論をさらにおしすすめて社会賃金という概念をしめした。とてもシンプルな考えかただ。家庭や学校にかぎらず、いまや社会全体がひとつの工場になっている。どんな状況におかれていても、ひとは社会に生きているだけで労働をしいられている、だから生きているひとに無条件でおなじだけ賃金をよこせと。この考えかたは、こんにちではベーシックインカム[4]として知られるようになっている。もちろん、イタリア政府は社会賃金などみとめなかった。だが、若者たちは、それを自分たちの手で勝手に実現していった。賃金をもらうかわりに、交通機関をただ乗りしたり、オペラの入り口を強行突破してタダで観賞したり、スーパーのレジに集団でおしかけ、交渉して物品をタダ同然でもちかえったりしたのである。自発的値引きだ。また、賃金のかわりに空き家を不法占拠したり、そこで共同生活をいとなんだりした。スクウォットだ。こうした行動は、１９７０年代にはいるとアウトノミア運動とよばれ、１９７７年に大弾圧をうけるまでさらに過熱していった。

ちょっと脱線してしまったが、１９７０年代初頭になると、学生賃金の要求は大学無償化として結実することになる。イタリアばかりではない。ドイツでもフランスでもイギリスでも、ヨーロッパ全体で高等教育の無償化がすすめられた。もちろん、政府が学生賃金なるものをみとめたわけではない。だが、産業界にとって、先進技術を身につけた学生が必要なのはだれの目にもあきらかであった。じっさい、１９６０年から70年までの10年のあいだに、先進国では学生の数が何倍にも膨れあがっている。しかし、その間に学生叛乱がまきおこり、イタリアとおなじように、ヨーロッパ中の大学が占拠され、授業がストップさせられてしまった。このままではいけない、原因はどこにあるのか。各国政府は、大学が学生数の急増についていけていないのだと考えた。そして、これにたいする解決策は、きわめてわかり

♠ ♠ ♠ ♠ ♠

4 ベーシックインカムの入門書としては、山森亮『ベーシック・インカム入門』（光文社、２００９年）や、堅田香緒里・野村史子・屋嘉比ふみ子・白崎朝子編著『ベーシックインカムとジェンダー』（現代書館、２０１１年）などがある。

やすいものであった。大学にたいして、カネをかけたのである。大学の設備をととのえ、教員を増やすこと。未来の労働者が腰をおちつかせて学習できるように、あらかじめ生活費を保障しておくこと。大学の授業料をタダにして、給付型奨学金を創設すること。「学生に賃金を」というスローガンは、学生側の意図とはちがったかもしれないが、大学無償化のための圧力となり、各国政府から、未来の労働力のために所得保障をおこなうというスタンスをひきだしたのであった。

高等教育の機会均等

大学の無償化。それは高等教育までふくめて、教育の機会均等をみとめるということである。しかし、そもそも教育の機会均等というのは、いったいなんなのだろうか。それは、人種や信条、性別、身分、経済的地位にかかわらず、あらゆる人びとが平等に教育をうけられるようにするということである。そうでなければ、生まれによって社会的差別や不平等が固定化してしまうからだ。いまの日本もそうなのだが、教育の機会均等がしっかりしていないところでは、スタートラインのちがいによって、はじめから子どもの将来が決定されてしまう。たとえば、親が亡くなってしまったり、リストラされてしまったりしたために、大学を断念せざるをえなかった子どもがいる一方で、親が金持ちだという理由だけで、なんの苦労もなく私立の名門校にはいれたり、コネでエリート企業にはいれたりする子どもがいる。２０１３年の「あしなが育英会調査」によれば、親を亡くした学生のうち、就職予定の高校3年生の53％が経済的事情で大学進学をあきらめたという。また、ちょっとデータは古いが、２００９年の東京大学経営・政策研究センター「保護者の年収と進路」によれば、年収２００万円未満の家庭の子どもの大学進学率はわずか28％にとどまっている。反対に、年収１２００万円以上の家庭の大学進学率は６割強にものぼるそうだ。

教育の機会均等は、こうした不平等を是正し、あらゆる人びとに将来の希望をいだかせることを目標としている。それはまなぶという基本的人権を保障するばかりでなく、すべての人びとが社会のためにまなび、社会のためにはたらくことをうながすという点で、ながい目でみればひじょうに有効な社会的投資なのである。この理念は、もともと１７９３年のフランス革命期の国民教育法案にあらわれたもので、その後、１８４８年のマルクス・エンゲルス『共産党宣言』や、フランス二月革命の憲法草案などにうけつがれてきた。こんにちでは基本的人権として、１９６６年の国際人権規約第13条に明記されるにいたっている[5]。ちょっとながくなるが、ひじょうに大切な条項なので、全文を引用してみよう。

◎国際人権規約第13条

１　この規約の締約国は、教育についてのすべての者の権利を認める。締約国は、教育が人格の完成及び人格の尊厳についての意識の十分な発達を指向し並びに人権及び基本的自由の尊重を強

♠ ♠ ♠ ♠ ♠

5　国際人権規約（正式名称「経済的、社会的及び文化的権利に関する国際規約（A規約）」）は、世界人権宣言（１９４８年）の内容を基礎として作成された人権に関する条約・規約。人権条約のなかでもっとも包括的なものといわれている。１９６６年12月16日、第21回国際連合総会で採択され、１９７６年に発効。

化すべきことに同意する。更に、締約国は、教育が全ての者に対し、自由な社会に効果的に参加すること、諸国民の間及び人種的、種族的又は宗教的集団の間の理解、寛容及び友好を促進すること並びに平和の維持のための国際連合の活動を助長することを可能にするべきことに同意する。

2　この規約の締約国は、１の権利の完全な実現を達成するため、次のことを認める。

(a) 初等教育は、義務的なものとし、すべての者に対して無償のものとすること。

(b) 種々の形態の中等教育（技術的及び職業的中等教育を含む）は、すべての適当な方法により、特に、無償教育の漸進的な導入により、一般的に利用可能であり、かつ、すべての者に対して機会が与えられるものとすること。

(c) 高等教育は、すべての適当な方法により、特に、無償教育の漸進的な導入により、能力に応じて、すべての者に対して均等に機会が与えられるものとすること。

(d) 基礎教育は、初等教育を受けなかった者又はその全課程を修了しなかった者のため、できる限り奨励又は強化されること。

(e) すべての段階にわたる学校制度の発展を積極的に追及し、適当な奨学金制度を設立し、及び教育職員の物質的条件を不断に改善すること。

ヨーロッパでは、こうした規約が前提となって、初等教育から高等教育までの機会均等がはかられている。ヨーロッパだけではなく、世界中がこの規約にサインし、不十分ながらもすこしずつ教育の機会均等をめざしているといっていい。もちろん、日本も１９７９年に国際人権規約に批准しているし、もともとこれに類するような法律もあった。たとえば、日本国憲法や教育基本法には、以下のようにしるされている。

◎日本国憲法

〈第11条　基本的人権の享有〉

国民は、すべての基本的人権の享有を妨げられない。この憲法が国民に保障する基本的人権は、侵すことのできない永久の権利として、現在及び将来の国民に与えられる。

〈第26条　教育を受ける権利、教育の義務〉

一、すべて国民は、法律の定めるところにより、その能力に応じて、ひとしく教育を受ける権利を有する。

二、すべて国民は、法律の定めるところにより、その保護する子女に普通教育を受けさせる義務を負う。義務教育はこれを無償とする。

◎教育基本法

〈第４条　教育の機会均等〉

一、すべて国民は、ひとしく、その能力に応じた教育を受ける機会を与えられなければならず、人種、信条、性別、社会的身分、経済的地位又は門地によって、教育上差別されない。
二、国及び地方公共団体は、障害のある者が、その障害の状態に応じ、十分な教育を受けられるよう、教育上必要な支援を講じなければならない。
三、国及び地方公共団体は、能力があるにもかかわらず、経済的理由によって修学が困難な者に対して、奨学の措置を講じなければならない。

日本でも、あらゆる人びとが教育をうける権利をもち、それが基本的人権であることはみとめられている。しかし問題なのは、ながらく日本で教育の機会均等といわれたとき、初等教育しかイメージされていなかったことだ。小中学校の義務教育は必要であり、みんなに保障されなくてはならないが、高校や大学は各人の選択にゆだねられるべきものであり、自己負担があたりまえだと考えられてきたのだ。だから信じられないことに、日本はさきに引用した国際人権規約第13条第２項のうち、中等教育、高等教育の無償化をうたった（b）項、（c）項には留保していて、ながらく批准してこなかった。たびたび国連人権委員会から勧告をうけ、日本政府（外務省）がしぶしぶ留保を撤回したのは、つい最近のこと、２０１２年９月である。このときまで同条項を留保していたのは、なんとマダガスカルと日本だけである。おどろきだ。よいいいかたではないかもしれないが、なんとなくマダガスカルが批准しなかったのはわかるだろう。経済的事情でしかたがなかったのだ。だが、日本はどうだろう。ＧＤＰ（国内総

図1　高等教育にたいする公的支出の対 GDP 比・OECD 比較

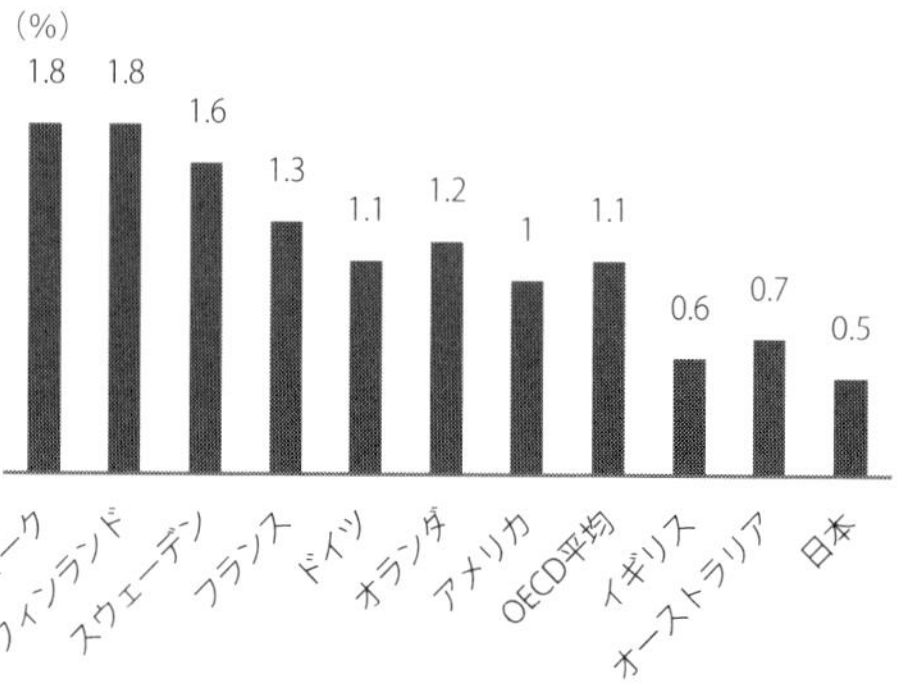

出所：文部科学省『教育指標の国際比較』2013 年より作成

生産）[6]でみれば、日本は世界第３位の経済大国である。それなのに、高等教育の無償化にむけて努力することさえ拒みつづけてきたのはなぜなのか。日本政府は、高等教育なんてどうでもいいといいたかったのだろうか。じっさい、日本の高等教育にたいする公的支出は、圧倒的にすくない。ＯＥＣＤ（経済協力開発機構）[7]諸国を比較した図1をみてみよう。

この図は、ＧＤＰにおけるＯＥＣＤ諸国の高等教育予算の割合をしめしたものである。各国が高等教育にどれだけカネを割いているのかがよくわかる。図をみれば一目瞭然であるように、高等教育にたいする日本の公的負担はひじょうに低い。あえて強調しておきたいのだが、すこし低いというレベルではない。最低な

♠♠♠♠♠

6　ＧＤＰ（国内総生産）とは国内の財とサービスの総額のこと。各国の経済成長をあらわす数値としてもちいられることがおおい。

7　ＯＥＣＤ（経済協力開発機構）は、１９４８年、第二次大戦後のヨーロッパ経済を立て直すために結成されたＯＥＥＣ（欧州経済協力機構）を前身とする。１９６１年、ヨーロッパ経済の復興にともなって改組し、「市場開放」「経済の自由化」の促進を目的とした現在のＯＥＣＤとなった。その後、ヨーロッパ以外の先進諸国も参加するようになり、こんにちでは30か国が加盟している。日本は１９６４年に加盟した。

図２　高等教育にたいする公的負担と私的負担の割合・OECD比較

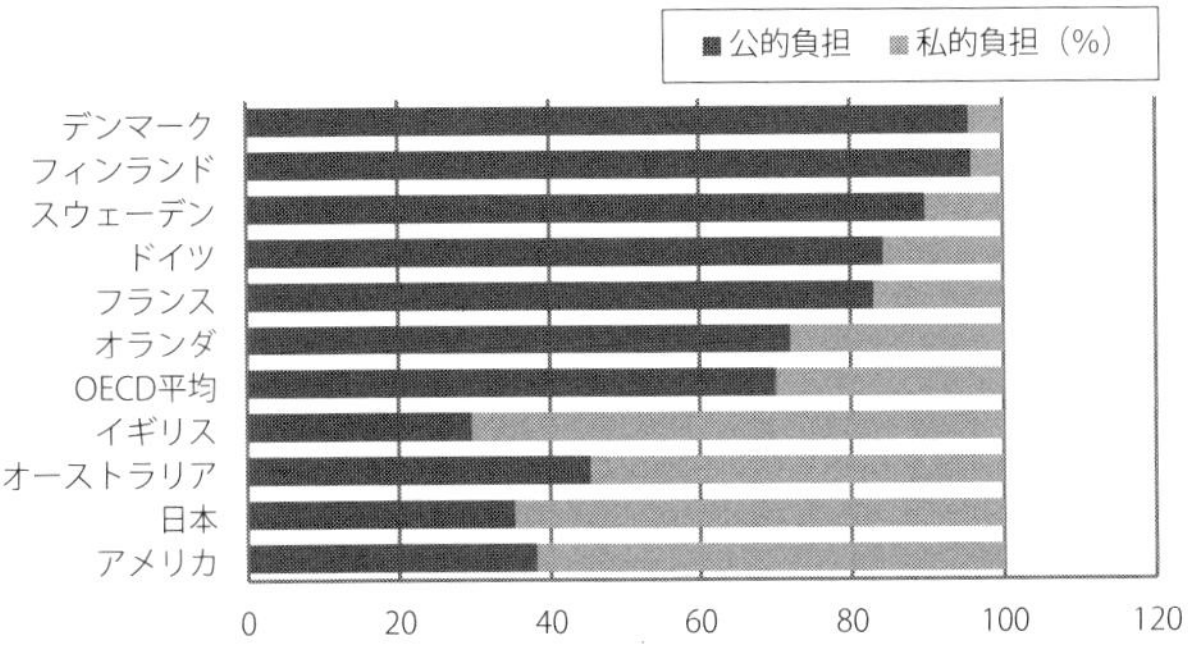

出所：文部科学省『教育指標の国際比較』2013年より作成

のである。ＯＥＣＤの平均が１・１％であり、日本が０・５％だから、日本は平均の半分以下しか高等教育にカネをかけていないことになる（おなじくらい低いイギリスとオーストラリアについては、第2章69頁を参照）。デンマークやフィンランド、スウェーデンなどの北欧諸国とくらべると、日本は３分の１から４分の１しかカネをだしていない。この数値をみれば、日本の大学の授業料がたかい理由もよくわかるだろう。

さらに図2をみると、日本では高等教育にたいする私的負担の割合が、公的負担とくらべてひじょうにたかいことがわかる。

アメリカは日本よりも大学授業料がたかいといわれるが、それでも国公立であればやすくかよえるし、公的奨学金制度も充実している。だから、じつは日本ほど私的負担はたかくない。日本のように国立も私立も授業料がたかく、ちゃんとした奨学金が存在しない国はどこにもないのである。日本はあきらかに高等教育の機会均等を軽視している。

医師不足の解消

しかし、学生に賃金をとか、教育の機会均等とかいっても、まだちょっと抽象的すぎるかもしれない。あまりとくいな議論ではないが、せっかくなので、もうすこし直球で、大学は役にたつからカネをだせというはなしをしておきたい。まず、もっともわかりやすい例として、医師不足の問題をとりあげてみよう。２００８年９月、出産間際の妊婦が脳内出血をおこし、救急車ではこばれた。だが、都内８か所の医療機関が、対応できる医師がいないことを理由にうけいれを拒否。その後、妊婦が死亡するという事件がおこった。わたしたちの生命と健康をまもってくれるはずの医師が、いざというときに病院にいない。この事件は日本の医療システムが危機的状況にあり、地方ばかりでなく都内でも医師不足が深刻化しているということで、メディアでおおきくとりあげられた。おぼえているひともおおいかもしれないが、このとき当時の都知事であった石原慎太郎は、事件のコメントをもとめられ、「医者も一生懸命やっている」とだけこたえた。ひどすぎてなんともいえないのだが、東京都が医師不足の問題にまったく関心がなかったことだけはよくわかる。

現在、日本国内の医師数は約29万人といわれている。この数値がおおいのかどうか。ＯＥＣＤがまとめた「ヘルスデータ２０１０」によれば、人口１０００人あたりの医師の数は、日本は２・２人、ＯＥＣＤ平均の３・１人にはるかにおよばず、主要７か国でみると最下位である。上位のギリシャは６・１

人だから、日本とくらべると3倍ちかくの医師がいることになる。日本の医師数は、世界的にみてあきらかに最低ランクである。

ただでさえこんなに医師がすくないのに、地方になると状況はもっとひどい。２００６年の財務省のしらべによれば、もっとも医師のすくない茨城ともっともおおい東京とでは、医師の密度指数は４・５６倍もちがう。こうした傾向に拍車をかけているのが、２００４年にスタートした「新医師臨床研修制度」である。従来、新卒研修医は大学病院などのかぎられた病院でのみ研修をうけられるとされていた。だが新制度では、本人が全国の研修先を自由にえらべるようになった。当然ながら、研修医たちは地方の大学病院よりも、給料と待遇のいい都市部の民間病院をえらぶ。しかも、研修後もそこにいられるとすれば、かれらが地方にもどることはないだろう。さらに、都市部でも研修医が民間病院に集中してしまい、大学病院では人手不足が生じた。それを補うために、都市部の大学病院が地方に派遣していた医師をよびもどす。その結果、地方病院が医師不足のためにバタバタとつぶれていく。そんな事態が生じたのであった。

どうすればいいのか。医師の配置基準をみなおすべきなのはたしかだが、それ以前にまずなによりも医師の絶対数がたりない。じつのところ、１９８２年以来、日本は将来、医師数が過剰になってしまうという見通しのもと、医学部の定員を制限する方針をとってきた。そのため、82年当時では８０００人をこえていた医学部の入学者数は、２００３年から07年にかけて、７６２５人にまで減ってしまった。そこで、２００９年7月、文部科学省は26年ぶりに方針転換し、今後10年間で全国79の医学部の入学者数を369人増やして8855人にすると発表した。具体的には、2010年度は各都道府県に7人までの増員をみとめ、卒業後数年間、地元ではたらくことを条件に奨学金をだす「地方枠」をもうけることになった。

しかし、これだけでは問題の根本解決になっていない。なぜなら、いくら医学部の定員を増やしたところで、そもそも医学部にいかなければ意味がないからだ。正直、日本の医学部はあまりに授業料がたかく、どんなに医者になりたかったとしても、ほとんどのひとが進学をあきらめてしまう。国立大学ならやすいというひともいるかもしれないが、それでも6年間通うと授業料は350万円もかかる。私立大学の授業料は半端ではない。6年間で約2240万円。ふつうの家庭でだせる金額ではない。だから、よくいわれるように、医学部に進学できるのは親が医者であるとか、相当なお金持ちであるひとだけであって、生まれながらの経済的境遇によって、はじめから医者になれるひとが限定されている。そう考えると、医学部の定員を増やしたり、ほんのわずかな奨学金制度をもうけたりしたところで、根本解決にはならないことがわかるだろう。ほんとうの問題は、わたしたちが医者になりたいというひとたちの可能性をどれだけひろげることができるかにある。つまり、かれらにどれだけ教育の機会をあたえることができるのかがポイントなのである。だとすれば、わたしたちがいうべきことはひとつしかない。高等教育の機会均等を実現すること。大学がただで給付奨学金が充実していれば、医学部への進学率はいっきにあがるはずだ。大学の無償化は、日本の医師不足を解決する。

男女の進学格差

もうひとつ、男女の進学格差の問題をとりあげてみよう。よくいわれることかもしれないが、大学進学率をみるかぎり、男女のあいだには進学格差がある。もちろん、専門学校や短期大学もふくめれば、女性の進学率はたかいのだが、それでもやはり女性は、４年制の大学、とくに私立大学への進学がひじょうにすくない。数値をみるとあきらかなように、専門学校の進学率は、男性が14％、女性が21％であり、短期大学では、男性が２・３％、女性が21％である。これにたいして、私立大学では、男性が43％、女性が34％であり、国公立大学では、男性が12％、女性が８％である。こうした現状をみて、大学進学にはジェンダー格差があると指摘する研究者もすくなくない。

しかし、なぜ男女のあいだに進学格差が生じるのだろうか。その理由については意外にあきらかにされていない。だが、すこし考えてみると、このことは日本の性差別的な経済環境と密接なむすびつきがあることがわかる。たとえば、１９６０年代半ばまで、大学に進学する女性は男性の半分もいなかった。進学格差という点でいえば、現在よりもはるかに激しいことになる。おそらく原因はあきらかだろう。女性は家事をおこなう存在であり、カネをかけてまで大学でまなぶ必要はないと考えられていたのである。１９６５年当時の数値をみてみると、女性の雇用者数は９１３万人であり、全体の31・７％しかいなかった。男女の進学格差の根っこには、仕事は男性がするものであり、女性は家にいるものだという認識がある。

２０１１年現在、女性の雇用者数は２２３７万人であり、全体の42％にもなっている。だが、女性の労働のありかたが根本的にかわったわけではなく、いくら人数が増えたとはいっても、女性が家事や育児をおこなうという性別役割分業はいぜんとして残存している。たとえば、日本の女性就業率は20代後半にピークをむかえ、結婚、出産、育児のかさなる30代から40代にかけて就業率が急下降し、子育ての終わった40代後半からふたたび上昇して二回目のピークをむかえる。この現象はグラフにするとM字を描いているためM字カーブとよばれており、性別役割分業の強度をしめしている。近年の日本では、グラフをみるとM字カーブがゆるやかになっているが、それも結局のところ、晩婚化と晩産化がすすんだだけのはなしであって、結婚や出産を理由に仕事をやめる女性が減ったわけではない。

労働条件の格差もはっきりしている。まず女性の場合、非正規労働者の人数がおおい。２０１３年、総務省統計局の労働力調査によれば、１８１３万人いる非正規労働者のうち、約7割が女性、また、はたらく女性のうち、57・5％が非正規であるといわれている。これにたいして、男性の場合、いくら非正規労働者が増えているとはいえ、その人数は５５９万人であり、正規労働者との比率でみると19・2％にとどまる。また、女性は非正規労働者がおおいばかりでなく、正規労働者の賃金をみても、男性よりもはるかに低い。一般労働者（平均39・1歳、勤続8・6年）の賃金を比較すると、女性の賃金は、男性とくらべて7割にみたない。男女の労働条件には、あきらかな性差別が存在する。

これだけ経済環境に格差があると、女性が大学に進学することをさしひかえてしまってもおかしくはない。たとえば、大卒の場合、男女のあいだにはあまり賃金格差はないとされているが、それでも20代後半に結婚や出産で会社をやめてしまうのであれば、大学をでても意味がないとおもってしまうかもしれない。また、もともと会社で必死にはたらこうとおもっていたとしても、よい役職につけることなどほとんどなく賃金も低いままなのであれば、けっきょくは結婚して離職する道をえらんでしまうかもしれない。どのみち非正規の仕事に就くのだし、男性とくらべると給料は低いのだし、結婚して家庭にはいるのだし……、そう考えたら、高い学費をはらってまで４年制の大学にいかなくてもいいのではないか。そうおもっても不思議ではないだろう。

これまで、女性の大学進学はあまりに性差別的な経済環境に左右されてきた。しかも、大学の進学格差はそれを固定化し、再生産する役割をはたしている。これにたいして、高等教育の機会均等を実現すれば、既存の経済環境とはまったく切り離されたところで、大学にかようことができるようになる。大学に進学すれば奨学金だってもらえるかもしれないし、生きていけるだけのカネも手にはいる。それならば、大学にいく女性がいっきに増えることはまちがいないだろう。しかも、大学では既存の経済環境にいっさい縛られずに、いくらでも自由にものを考えることができる。それまで家では、カネを稼いでくる男がいばるものだとおもっていたのに、大学にいくとその縛りがいっさいなくなる。バカな男がムダ口をたたいたら、いくら罵倒したってぜんぜんかまわない。自由だ。そして、そうした大学のありかたが学生のあいだに共有されれば、今後、性差別的な経済環境をうたがい、それをつきやぶるような力がいまより豊富にうみだされる可能性だってあるだろう。大学は、世のなかの支配関係をうちこわす。

ショバ代をよこせ！——ベーシックインカム再考

でも、そんなことをいっていると、じゃあ社会の役にたつ学問にだけ、カネをだすようにすればいいじゃないかといわれてしまうかもしれない。たしかに、医学は世のなかのためになるだろう、女性の社会進出をささえることも大事かもしれない。だったら、医学部だけ授業料をタダにすればいいじゃないかとか、大学ごとに女子学生にたいして優先措置をとればいいじゃないかとか、そういうことをいくらでもいえるだろう。理系のこれこれの学問は役にたつとか、文系でもこれは就活に役だっているからいい、あれはつかえないからダメだとか、そういうこともいえるだろう。もしかしたら、どんなにマイナーな人文系の学問であっても、がんばれば、ひろい意味でこんなに社会の役にたちますといえるかもしれない。だが、それをやってしまった瞬間に、なにかが終わってしまう気がする。はじめはカネをもらうためにはしかたがないんだくらいにおもっていたとしても、だんだんとカネをもらえる学問がいいとおもうようになってしまう。大学生だったら、TOEICや資格試験、公務員試験などの勉強がそれにあたるのだろうか。きっと、それ以外のことをやるのはぜんぜん社会の役にたたない、だからやってはいけないといわれるようになるだろう。社会的有用性の名のもとに、おもいきり善悪優劣のヒエラルキーができてしまう。なんだかカネがでることによって、いまよりももっと就活のプレッシャーがつよくなりそうだ。

はっきりさせておかなくてはならない。大学の学問なんて、たいていは役にたたないのであると。逆に、はじめからこれが役にたつ、ただしいという知識があったとしたら、ひとがものを考える必要なんてないだろう。ぜんぶ暗記すればいいだけである。もういちど共同財という考えかたをおもいだしてほしい。知識というものは、だれにも独占することができないものだ。それなのにむりやり私的に所有したり、独占したりすることができるというから、その所有者がいちばんただしくて、それをおしえられ、つかうものは劣っているということになるのである。知識のヒエラルキー、ぜったいにおかしい。たとえば、かつてソクラテスがかたったとされる言葉をわたしたちがつかったとして、わたしたちがソクラテスよりも劣っていることになるだろうか。あるいは、ソクラテスがその知識はオレのだからつかうなとか、そんなことをいうだろうか。もちろん、そりゃあソクラテスはエラいでしょうというひともいるかもしれないが、それはあくまで先人にたいする敬意である、優劣ではない。はじめからただしい考えかたなんて存在しない。だれがなにをつかってどんなふうに論じようと、そのひとの勝手だ。そういう自由があったからこそ、人類の知識は予想もしなかったようなかたちで、バンバンとふくれあがってきたのである。大学がものを考える場だとしたら、そういう共同財を大事にしなくてはならない。さきほど医学部の例をあげたが、その医学の研究にしたって、たいていは役にたたず、そのうちのいくつかが結果的に、そしてたまたま役にたつといわれるようになったというだけのことだ。なんの役にたたなくたっていい。もっと楽しく、コピペ、コピペ。それが大学だ。

ほんとうのところ、「学生に賃金を」というスローガンをつかう意義は、この共同財の存在に気づくということにある。教員だけがただしいことをいっているわけではない。教員がしゃべったことを、あるいはそれとはぜんぜん関係ないことを、学生たちが好き勝手に解釈していく。そこに優劣はない。ほんとうにクズみたいなことをいう教員も学生もいるだろう。でも、それはそれで徹底的に侮辱してやればいいだけのことだ。自由闊達、よし。しかも、すごいことにこの発想からすると、知識という共同財は、大学という場所もこえていくことになる。家でゴロゴロしていたって、路上でタバコを吸っていたって、電車にのっていたって、友人と酒を飲んでいたって、恋人とデートをしていたって、みんななにかしらものを考えているのだから。どう考えても、そこに区別は存在しない。大学教員にカネがでているとしたら、家でゴロゴロしているひとにも、タバコを吸うひとにも、デートをしているひとにもカネをしはらうべきだ。ここまでくると、労働の対価として「賃金」がほしいといっているのではないのだとおもう。共同財にカネをよこせ。役たたずにベーシックインカムを。

しかし、あんまりそういうことをいっていると、怒られてしまうかもしれない。正直、怒られるだけならまだいいのだが、きっとこういわれるだろう。役にたたないのなら、やっぱりカネをはらう必要なんてないじゃないかと。それはそうだ、国家や企業のために、あるいはひろい意味で社会のために役だつのであれば、カネをだすのはわかる。社会的労働をやっているのだし、社会賃金をもらっているのだから。でも、なにもしていないような連中に、カネをしはらう理由なんてどこにあるのだろうか。せめてもうちょっとでいいから、はたらいてくれてもいいのではないだろうか、社会貢献してほしいと。どんなにひろい意味でとったとしても、労働にこだわっていると、こういうせまい了見におちいってしまう。どうしたらいいか。わたしはさいきん、トニー・フィッツパトリックの『自由と保障』という、ベーシックインカムの入門書を読みかえしていたのだが、そのなかにこういうものがあった。自然からの授かりもの説。こんなふうに書かれている。

生産的かつ有益な労働は社会的活動であり、天然資源は社会の成立以前から存在していたものであって社会的な協力の産物ではないから、「何もしていない者」であっても、すべての者が手に入れられるようになった天然資源、すなわち自然からの授かりものの分け前を無条件で受給する資格があるのである[8]。

労働だとか社会的活動だとかいうけれども、それができているのは、企業が天然資源を勝手につかっているからだ。だが、天然資源というのは、みんなで共有すべきものであり、企業が独占していいたぐいのものではない。だから、せめてわけまえくらいちゃんとよこせと、そういうのである。さらに、こうも書かれている。

現存する富の90パーセント以上は今日の労働者の努力の結晶というよりも経済的な授かりもの——これまでに進歩した技術や知識からなる——なのである[9]。

♠ ♠ ♠ ♠ ♠

8　トニー・フィッツパトリック『自由と保障——ベーシック・インカム論争』武川正吾・菊地英明訳、勁草書房、2005年、70頁。
9　同前、71頁。

天然資源には、知識などの文化的資源もふくまれていて、それがこんにちの富の90％をしめている。ようするに、天然資源は共同財なのである。わたしたちは先人たちが遺した文化的資源をつかわせてもらっているのであり、それをいつもじゃんじゃんつかって、豊富なものにしている。日常生活でもやっているだろうし、大学ではなおさらそればかりをやっているだろう。それなのに、企業は文化的資源をわがもの顔でつかい、そこからうみだされる富をひとり占めしている。ちょっとずるいのではないか。企業は共同財を横領している。だから、わたしたちはこういっていいのである。もし、あなたたちがわたしたちの共同財をつかうというのであれば、とうぜんながら、わけまえをよこさなくてはならない。そうじゃなければでていってもらうよと。そう考えると、これまでわたしたちにカネがでていなかったのがおかしくおもえてくる。なんの役にたたなくたっていい、ベーシックインカムはふつうにもらえるものだ。なにはともあれ、大学はタダ。これはムリな要求なのだろうか。ショバ代をよこせ。

財源はあるの？

かりにそこまではみとめるにしても…といって、いつもいわれることがある。「おまえは大学をタダにしろだとか、ベーシックインカムがほしいだとかいうけれども、そんなカネはどこにあるんだ、この不景気の時代に」と。なんだか、賢い友人にかぎって、こういうことをいってくる。正直、わたしはふだん、カネは天からふってくるものだくらいにしかおもっていなくて、財源がどうのこうのというのは、それを考えるためにカネをもらっている政治家や官僚に考えてもらいたいとおもっている。だが、あんまりやいのやいのいわれることがおおいし、たぶんこの文章をよんでくれているひとにも、おなじ目にあっているひとがおおいような気がするので、ちょっとだけふれておきたい。

そもそも、大学の授業料をタダにするためには、いくらかかるのだろう。初年度にとられる施設費や、交通費、生活費などをふくめればもっとかかるのだが、あえて授業料だけで計算すると、国公立、私立ふくめて、だいたい２兆５０００億円かかる。さきほど、対ＧＤＰ比でみた日本の高等教育予算は０・５％で、ＯＥＣＤ平均の半分以下だというはなしをしたが、日本のＧＤＰが５００兆円だから、じつはその平均並みにカネをだすと、プラス２兆５０００億円の予算をくめることになる。ようするに、ふつうの国がやっているくらいのことをすれば、日本の大学はぜんぶタダになるのだ。けっこう余裕ではないだろうか。

だが、それでもわからずやたちは、こういってくるだろう。「おまえは日本の国債がいくらだか知っているのか、１０００兆円をこえているんだぞ。こんな借金まみれの状態で、どこにカネがあるっていうんだ。また増税でもしろというのか」と。ああ、めんどうくさい。わたしなどからすると、すでに１０００兆円も借金をしているのだから、毎年２兆円だか３兆円だかを借金したところで、べつにどうってことないじゃないかとおもえてしまうのだが、そうおもえないひともいるらしい。じゃあ、どうすればいいのか。たしかに増税はいやだ。消費税にしても所得税にしても、なんにしたって税金をとられるのはいやなのだ。税金、どろぼう。わたしはいま率直にこうおもっている。なにもいわずに、政府がちゃちゃっとカネを刷ればいいのであると。
これに関連して、何年かまえにベーシックインカム論者の関曠野《せきひろの》さんが書いた文章をよんだのだが、ほんとうにおもしろかった。かれは社会的信用論にもとづいて、政府通貨の発行をよびかけている。

銀行による私的な信用の創造をやめさせ、信用の創造を公益事業として社会化する必要がある。そのためには政府が主権者として通貨を発行し、それを企業や自治体などに無利子で融資することになる[10]。

もともと、通貨を発行するのは政府の役割だった。みんなが政府を信用しているというたてまえのもと、ただの紙切れを円やドルとして通用させてきたはずであった。だが、いつのまにか、通貨のことはその専門集団である銀行にまかせたほうがいいといわれるようになり、中央銀行が通貨を発行するようになってしまった。銀行はみずからのもうけのために、手もちの預金の10倍ちかくのカネを個人や企業に貸しつけ、その利子をむさぼっている。とうぜん、たりないぶんのカネは、中央銀行が刷っている。銀行は、私的に信用を創造して、そこから利益をえているのだ。これで、わたしたちは借金づけにされているのであるが、債務者は個人や企業ばかりではない。政府もまた銀行からカネを借りて、公共事業でもなんでもやっている。ほんとうのところ、政府の信用で通貨を発行しているわけだから、政府がカ

♠♠♠♠♠
10 関曠野『フクシマ以後』青土社、2011年、204頁。

ネをつかうのに、借金をしているのはおかしいはずだ。だけど、銀行に信用をうばわれているから、それが借金になってしまう。どうしたらいいか。政府が信用をとりもどせばいい、通貨の発行権をうばいかえせばいいのである。

政府通貨を発行しよう。そういうと、なんだかむずかしくきこえるかもしれないが、ものすごく単純なことだ。政府がじゃんじゃんカネを刷ってしまえばいいのである。日本でいえば、いまは日銀が通貨を発行しているが、政府が必要なぶんだけカネを刷ればいい。この政府通貨は銀行のカネとはぜんぜんちがう。いくらカネをつかっても、政府が自分で刷っているわけだから、赤字にならないのである。借金じゃないから、べつに国民から税金をとって返さなくてもいい。ただカネを刷ればいいのである。これなら、ベーシックインカムも大学無償化もかんたんにできるだろう。だったら、はやくやってくれよとおもってしまうのだが、でもなかなかそうはならない。なぜかというと、銀行業界が総力をあげて反対するからだ。これまで銀行は、私的信用にもとづいて金貸しをおこなってきた。利子をとってぼろもうけ。それができるのは、あきらかに日銀がカネを刷っているからである。しかも、いまの資本主義が金融資本でなりたっており、その中身が借金であるとしたら、日銀の通貨発行権は、資本主義の核心にあたるものだといってもいいだろう。じゃあ、やっぱり政府通貨の発行はむずかしいのだろうか。いや、そんなことはない。政府がカネを刷ること自体は、ものすごくかんたんなことだ。敵だってはっきりとしている。今後も大学にカネがでないとしたら、わるいのは日銀である。わたしたちは、もう十分すぎるほど学費をむさぼりとられ、奨学金という名の借金においたてられてきた。これ以上、たえることとなんてできやしない。天誅、わるいやつらをやっつけよう。カネは天からふってくる。

出発点としての高校無償化

さて、ともあれ２０１０年4月から高校授業料の無償化ははじまっている。近年、日本の高校中退者数は毎年10万人にものぼり、とくに２００８年9月のリーマンショック以降、経済的な理由でやめていく学生数が増えはじめていた。そこで、政府は「家庭の状況にかかわらず、全ての意志ある高校生等が、安心して勉学に打ちこめる社会をつくる」ために、公立高校の授業料無償化をはじめたのであった。ちなみに、私立高校については無償化ではなく、「高等学校等就学支援金」を創設し、それを学校ごとに支給することになった。金額としては、学生1人あたり年額約12万円で、親の所得におうじて最大24万円まで加算される。文科省によれば、このためにかかる費用は、２０１０年度で３９３３億円だそうだ。大学についてはまだこれからであるが、それでもいままで手をつけられなかった高校無償化がはじまったのは、おおきな一歩である。

しかし、まだ法案が審議されていたとき、高校授業料の無償化はきびしい批判にさらされていた。批判のポイントは、おおまかにいって二つあったように思われる。ひとつは、お金に余裕のある家庭まで、税金を投入して資金援助をするのはおかしいというものであった。たとえば、授業料をはらえるのに、お金がないと偽って授業料を逃れようとする親がたくさんいた。そんな親には厳格なペナルティをあたえるべきなのに、授業料の無償化などをしたらどうなるのか。あくどい親をただ黙認することになるのではないか。手をさしのべてもいいのは、ほんとうに生活にこまっている家庭だけであり、財源のことを考えても、貧しい家庭に特化して、手あつい資金援助をするべきではないか。だいたい、こんな批判がなされていた。

はなしをきいていると、一見もっともらしいことをいっている。だが、ここで確認しておかなくてはならないのは、**高校授業料の無償化は福祉ではない**、ということだ。大学生にしても高校生にしても、授業料をはらわなくていいのは、かれらが貧しくてかわいそうだからではない。学生たちは授業をうけているその時点で知的活動をおこなっている。かれらはとうぜんのわけまえとして授業料をもらうのであり、それ以上でも以下でもないのである。親が金持ちだろうと貧乏だろうと、もらうべきものはもらうべきだ。だから、よく考えてほしい。かりに授業料をはらえたのにはらわなかった親がいたとして、それがどうかしたのだろうか。そもそも、親が授業料をはらってきたのがおかしい。むしろ、これまで授業料をはらってきた親たちが、返還請求をはじめてもおかしくないはずだ。

もうひとつは、おもに朝鮮学校をめぐる批判である。当初から、政府は高校授業料の無償化には外国人学校もふくまれるとしていたが、これにたいして、北朝鮮（朝鮮民主主義人民共和国）との関係がふかい朝鮮学校までふくまれることに批判があいついだ。とくに、法案審議が佳境にはいっていたころ、橋下徹大阪府知事（当時）がメディアに登場し、「北朝鮮は暴力団とおなじ」「高校無償化は拉致と切り離せない」とくりかえし発言していたのは、記憶にあたらしいのではないだろうか。こうした圧力をうけて、政府は２０１０年４月の段階では、朝鮮学校を無償化から除外してしまった。朝鮮学校については、法案成立後に第三者評価機関を設置し、それから最終判断をくだすとしたのである。もうすこしくわしくいえば、「外国人学校は授業内容と教育課程が日本の学習指導要領におおむね合致」していれば無償化の対象になるとされていたが、北朝鮮については拉致問題で対立しており、国交もなく教育課程が確認できないため、無償化できないとされたのである。国家間の対立がそのまま教育現場にもちこまれたといっても過言ではない。ちなみに、その後、２０１２年12月に第二次安倍内閣が誕生し、発足早々に朝鮮人学校を無償化の対象からはずしている。北朝鮮の指導下にある朝鮮総連（在日本朝鮮人総連合会）とのつながりがあるからだそうだ。難癖をつけているようにしかおもえない。

ともかく、こういったことがメディアで大々的にとりあげられているのをみていて、わたしはあらためて教育の機会均等について考えさせられた。もちろん、橋下府知事がいっていたことは論外だろう。たとえ北朝鮮が暴力団だったとしても、暴力団員の子どもが教育にアクセスできない理由はどこにもない。むしろ、そうした出自とはかかわりなく、だれでもまなべるようにするのが教育の機会均等だろう。だが、すこし考えなくてはいけないのは、このことが外国人学校全般にもかかわる問題であったことだ。かつて子ども手当てのときも、おなじような批判がなされていたが、日本の税金が外国人につかわれることへの批判はいがいに根強い。ただでさえ財政赤字といわれているのに、なぜ外国人にカネをださなければならないのか、と。ある意味、朝鮮学校が焦点とされたのは、外国人学校のなかでいちばん叩きやすい対象だったからといってもいいだろう。

しかし、ここでもういちど、知識や教育は共同財であるということをおもいだしてほしい。知識というものは、つかったら減るものではなく、つかえばつかうほど豊富になっていく。企業がぼろもうけしているのだって、こうした知的活動に寄生してのことだ。そんなふうに考えてみると、外国人に税金をかけるのはいいことだとおもえてこないだろうか。もちろん、海外からきたら異質な考えかたをもっているだろうが、それをつかえばつかうほど、さまざまな考えかたと混ざりあい、たいていは雑種化されてあたらしい知識となる。海外からひとがどんどんやってきて、異質な言語や文化がもちこまれてくるのだとしたら、正直、こんなにおもしろいことはない。大歓迎だ。

さて、かんぜんではないし、朝鮮学校はまだであるが、ひとまず高校授業料の無償化ははじまった。ちょっとまえの感覚からすると、ほんとうにすごいことだ。これからは高校までは授業料がタダであたりまえとおもっている子どもたちが、どんどん輩出されてくるのである。みんな、なんで大学だけこんなに授業料がたかいのかと、クビをかしげるにちがいない。ふつうに怒る。文科省におしかけるか、日本学生支援機構まえで号泣するか、日銀にいって物乞いをするか。ともあれ、大学無償化まであと一歩だ。

第2章◆奨学金地獄

ブラックリスト化問題

２００８年12月、日本学生支援機構から奨学金を借りている学生や卒業者に、おどろくべき通知がとどいた。「個人信用情報機関への個人情報の登録について」と題するこの通知には、以下のようにしるされていた。

当機構では、本年6月に奨学金の返済催促に関する有識者会議が取りまとめた「日本学生支援機構の奨学金返還催促策について」において、返還開始後一定の時期における延滞者について、当該延滞者の情報を個人信用情報機関に提供することにより、延滞者への各種ローン等の過剰貸付を抑制し、多重債務化への移行を防止することは、教育的な観点から極めて有意義であるとの提言を受け、延滞者に限って、その情報を個人信用情報機関へ提供することとして、本年11月に全国銀行個人信用情報センターに加盟し、延滞者に限定して個人信用情報機関への個人情報の登録を実施することとしました。

文中にある「返還開始後一定の時期」とは3か月であり、「個人信用情報機関」とは、全国の主要銀行をふくめた１４００の金融機関のことをさしている。ようするに、奨学金を返すのが3か月おくれたら、そのひとの個人情報を金融機関にしらせるということである。いちど通報されたら、そのひとはブラックリストに載せられ、今後クレジットカードをもてなくなるかもしれないし、住居を借りるときにも支障がでるかもしれない。一言でいえば、奨学金返還滞納者のブラックリスト化をおこなうというのである。

２００８年12月といえば、世界金融危機のあおりをうけて、派遣切りなどが続発し、ちょうど日本のなかで貧困問題が注目をあつめていたときである。正直なところ、いま大学を卒業しても、なかなかよい就職先はみつからない。新卒のなかには、派遣社員になったり、アルバイトをかけもちしたりしてギリギリの生活をおくるひとだってすくなくない。そんなときおいうちをかけるように、3か月滞納しただけで金融機関に通報するぞ、と脅しみたいな文書がとどく。これはいったいどういうことだろう。ただのいじめではないだろうか。かりにも、日本学生支援機構を呼称する団体の奨学金である。どこが学生支援なのだろうか、どこが奨学なのだろうかと疑問をいだかざるをえない。しかも、その論拠がすごい。引用文のなかに書かれているように、「教育的な観点から極めて有意義である」ということだ。どん

図3　奨学金・返還延滞の理由

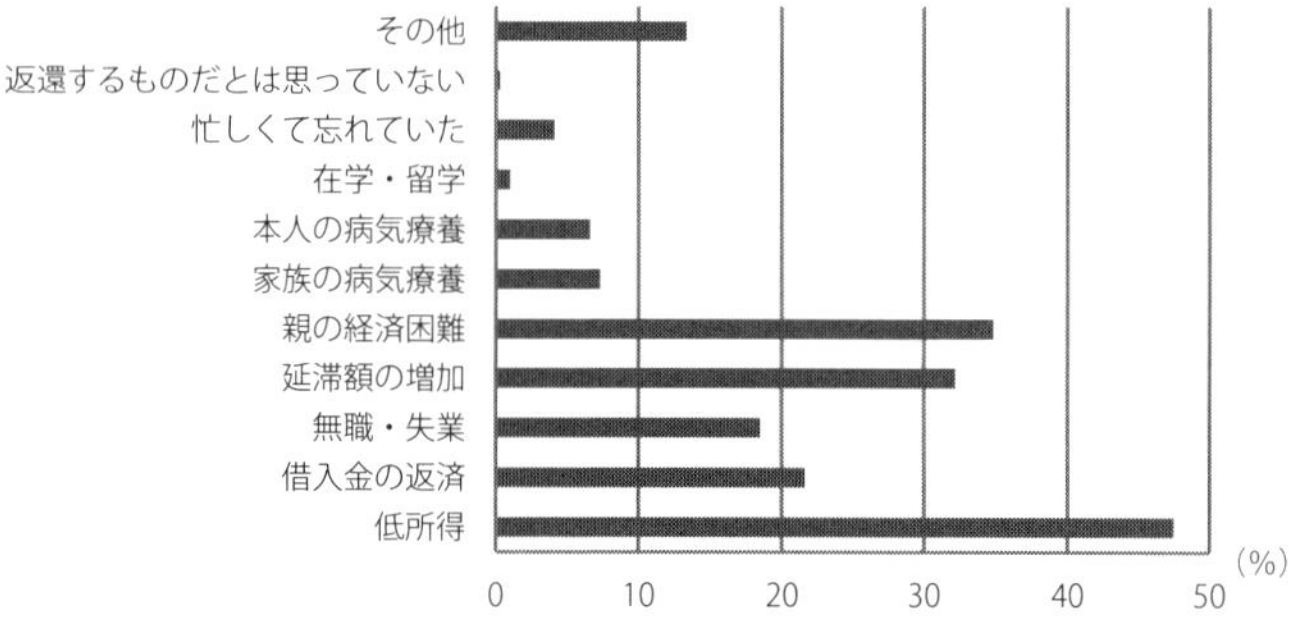

出所：日本学生支援機構「延滞者に対する調査結果」2012 年より作成

な教育的観点なのか、まったく意味不明である。それってどういうことなのとおもい、いちど日本学生支援機構にいって質問してみたことがあるのだが、担当者のかたもしぶい顔をして、なにもこたえられない様子だったのをおぼえている。

さきほども紹介した白石嘉治さんは、お会いしたときに、このブラックリスト化問題について「日本の教育史上、最大の愚行である」といっていた。まったくそのとおりである。そもそも、奨学金を確実に返せるひとがいたとしたら、それはうまれながらの金持ちだけである。だが、そんな金持ちだったらはじめから奨学金を借りる必要なんてない。ようするに、奨学金を借りるのは、カネのない学生なのであって、就職いかんで返せないことがあるのはとうぜんなのである。じっさい、図3でもあきらかなように、6か月以上の返還滞納者が、いちばんの理由としてあげているのは、「低所得」で45・1%もいる。それを3か月の滞納でブラックリスト化するというのはありえない話である。というか、奨学金は低所得者への配慮からうまれたものではなかったのだろうか。教育の機会均等をはかるための手段ではなかったのだろうか。なにかゆがんでいるようだ。本章では、学費と奨学金の現状を確認し、そのゆがみがなんなのかをあきらかにしていこう。

日本の大学授業料

まず、日本の大学授業料がどれくらいたかいのかをみてみたい。文部科学省によれば、２０１３年の国立大学の授業料は53万円、入学金の28万円をふくめると、初年度は81万円になる。公立大学の場合、授業料は国立大学とおなじで53万円であるが、入学金が40万円とたかく、初年度は93万円になる。これにたいして、私立大学の授業料は86万円であり、入学金27万円をふくめると１１３万円もする。さらに、私立大学では施設設備費などに19万円くらいかかり、総額にすると１３０万円ほどになる。日本では、私立大学の学生が約８割をしめているから、かなりの人数が授業料だけでも毎年１００万円強を支払っていることになるだろう。もちろん、大学にかかる費用はこれだけではない。地方からでてきて一人暮らしをする学生にはアパート代がかかるし、そうでない学生も通学費がかかる。食事もすれば、友人と遊びにいくときもあるし、デートをすることだってある。病気になって医療費にお金がかかることだってあるだろう。

表1をみてほしい。これは日本学生支援機構が、授業料ばかりでなく学生生活にかかる費用の年間総額をしらべたものだ。文部科学省とはデータのとりかたが異なるようだが、通学費や生活費をふくめた

表１　学生生活にかかる費用

（単位：円）

区分	学費			生活費			合計
	授業料，その他学校納付金	修学費，課外活動費，通学費	小計	食費，住居・光熱費	保健衛生費，娯楽・し好費，その他の日常費	小計	
国立	522,800	150,900	673,700	542,100	348,100	890,200	1,563,900
公立	536,200	145,900	682,100	441,900	348,200	790,100	1,472,200
私立	1,154,400	165,300	1,319,700	313,600	343,900	657,500	1,977,200
平均	1,013,700	161,800	1,175,500	359,700	344,900	704,600	1,880,100

注：調査対象は大学学部・昼間部。
出所：日本学生支援機構「平成24年 学生生活調査」

学生生活の費用がだいたいわかる。まず、国立大学では授業料だけで年間52万円、通学費などをふくめれば67万円かかる。生活費をいれると、だいたい１５６万円になるようだ。公立大学では、授業料が53万円、通学費をふくめると68万円もかかる。生活費は国立大学よりもすくないようで、総額は１４７万円になるとのことだ。これにたいして、私立大学の場合、授業料だけで年間１１５万円もする。通学費をふくめれば１３２万円、生活費もいれると２００万円になる。だから、大学に４年間かようためには、国立大学でも最低６００万円、私立大学なら最低８００万円はかかることになる。もちろん、これは平均の話であって、私立大学のすこしたかいところは４年間で１０００万円以上はかかるし、医学部では２０００万円以上かかる。

第１章でもふれたが、年収２００万円未満の家庭では72％が大学進学をあきらめてしまう。また、子どもが大学に進学した家庭では、なんとか高額の学費をねん出しているが、たいていの場合、家計は赤字になってしまう。ちょっとデータはふるいが、国民生活金融公庫「家計における教育費負担の実態調査」（２００６年）によると、年収２００万円から４００万円の世帯では、教育費だけで年収の５割ちかくにもなる。日本では、学費の私的負担が重すぎる。

だから、大学生はアルバイトなしではやっていけない。日本学生支援機構の「平成24年　学生生活調査」によると、学部生は74％がアルバイトをしている。そのうち、40％は家計のためにはたらいているそうだ。大学院に進学すると状況はもっと深刻であり、修士課程では78・３％がアルバイトをし、そのうち50％が家計のためにはたらいている。博士課程になると、アルバイトをしているのは70％、家計のためにはたらいているのは59％である。アルバイトについやしている時間もながく、平均でみると、1週間の労働時間は10時間ちかくになる。さすがに、授業時間の19時間よりは短いが、サークル活動などについやしている7時間よりもながい。せっかく大学にいっても、好きなことをまなぶ時間がほとんどうしなわれているのだ。学生のなかには、つぎのような悲痛な声をもらすひともいる。

学校が終わればバイト…。そして家へ帰るのは10時過ぎで、そこから宿題などの勉強。そして昼休みにはにぎり飯だけで食費を0円に抑え、昼からバイトに行くこともあります。やりたかった野球や行きたかった付き合いを断り、正直辛いです…。でも兄弟は行きたかった私立を諦めて公立へ行ってくれました。親もわずかながら借金をしてくれました。だから私はしんどいなんて言っていられません。勉強できる幸せをかみしめながら日々生きています。でもできれば、学費を安くして欲しい…。僕のような思いをさせたくありません[1]。

バイトにつぐバイト。授業以外、部活やサークルをやる時間もない。親は借金をしてくれるし、兄弟も支援してくれているので弱音もはかない。でも、ほんとうにしんどかったのはたしかだろう。これではゆっくりものを考えることもできないし、友人づきあいをしているヒマもない。すこし極端な例だっ

♠ ♠ ♠ ♠ ♠

1　京都府学生自治会連合会、学費ゼロネット（http://www.geocities.jp/fugakuren/）が実施した２００８年「学費実態調査アンケート」より引用。

たかもしれないが、おおくの学生がどこかでおなじようなおもいをしたことがあるのではないだろうか。なぜ、学生や家族がこんなおもいをしなくてはならないのか。それは第1章でみたように、日本の高等教育にたいする公的負担がすくないからであるし、そのために大学の授業料が莫大なものとなっているからである。どうすればよいのか。現状では、ほとんどの学生が奨学金をうけることで大学にかよっている。以下、日本の奨学金制度を検討してみよう。

日本の奨学金制度

日本の奨学金制度で、もっとも事業規模がおおきいのは日本学生支援機構（以下、支援機構）である。日本には、もともと日本育英会という奨学金事業の公的機関があったが、２００４年に独立行政法人化されて支援機構となり、事業もそのままうけつがれている。規模もさることながら、いぜんとして文科省の管轄下に置かれており、なかば公的な性格をもっているといえる。まず、支援機構にどんな奨学金があるのかをみてみよう。

- **第一種奨学金**……貸与、無利子、年額約54万円〜77万円（２０１２年度から所得連動制が導入され、年収３００万以下の期間は無期限で返済を猶予されることになった）
- **第二種奨学金**……貸与、有利子（上限利率３％）、年額約36万円〜１８０万円

支援機構には、二種類の奨学金がある。ひとつが無利子の奨学金、もうひとつが有利子の奨学金である。どちらも貸与であって返さなくてはならず、返す必要のない給付型奨学金が存在しないのが特徴的である。受給基準は、家族の経済事情と学業成績で判断され、最長20年間で返還をさせる。貸与をうけるにあたっては、連帯保証人が必要であり、たいていは親きょうだいか叔父・叔母が保証人となる。さいきんでは、連帯保証人がいなくても、一定の保証料を保証機関にはらうことで貸与をうけられるようになっているようだ。ちなみに、返還が免除されることはほとんどなく、かつては卒業後の一定期間内に教職員になれば、返さなくてもよかったのだが、その免除規定も1998年から徐々に廃止されてしまった。いまでは「在学中特にすぐれた業績をあげた者」など、ほんのわずかな学生しか免除されることはない。こうした奨学金制度がきずかれた経緯については、次章でくわしくふれよう。

正直なところ、このような奨学金はふつう「奨学金」とはよばれない。世界の常識からすると、「奨学金」とは返済義務のない給付型奨学金のことをさし、英語ではグラント grant とよばれる。これにたいして、貸与奨学金は英語で学生ローンとよばれるものであり、民間金融機関のローンとおなじくくりでかたられるものである。いいかたをかえるとぎょっとするが、日本の公的奨学金には借金しか存在していないのである。2012年度から、所得連動制というシステムが導入され、卒業後、年収300万円にみたないあいだは、無期限で返済が猶予されるという規定ができている。それ自体は歓迎すべきことであるが、この制度が適用されるのは第一種だけ。おおくの学生が借りている有利子の第二種には適用されないという問題がある。

だが、それでも支援機構から奨学金を借りる学生は増えつづけている。授業料がたかい以上、借金をしなければ大学にはかよえないからだ。次頁の図４・図５をみればわかるように、大学院、大学（学部）、短期大学、高等専門学校の学生すべてをふくめると、２０１２年度の支援機構の事業規模は、第一種奨学金が２７６７億円、第二種奨学金が８４９６億円となっており、貸与人数は合計１３４万人にもなっている。いまの学生の総数が、だいたい３１２万人といわれているから、およそ４割のひとが支援機構からお金を借りていることになる。十数年まえの１９９８年度のときには、第一種奨学金が２００５億円、第二種奨学金が６５０億円、貸与人数が50万人だったから、額では第一種はあまりかわっていないが、第二種が10倍以上、貸与人数はおよそ２・５倍になっている。ようするに、貸与人数がものすごく増えていて、そのほとんどが有利子の奨学金を借りているのである。

とうぜんながら事業拡大にともなって、支援機構が回収しなくてはならない金額もふくらんでいる。２００４年度には２２９７億円であったものが、２０１３年度には３５３５億円になっている。返済できないひとの数も増加していて、２０１２年度末には3か月以上の滞納者数が19万４０００人にもたっしている。とりわけ、２００７年度にはマスコミを中心として、赤字だらけの支援機構をバッシングする声がたかまり、「返済滞納額は07年度で２２５３億円」などと報道された。

ほんとうのところ、２２５３億円というのはこれから返済期日がくる返済予定額もふくめた金額であって、実際の滞納額は６４５億円ほどになる。しかも、これは１９４３年にできた旧育英会のころから

図 4　日本学生支援機構・奨学金の貸与人数

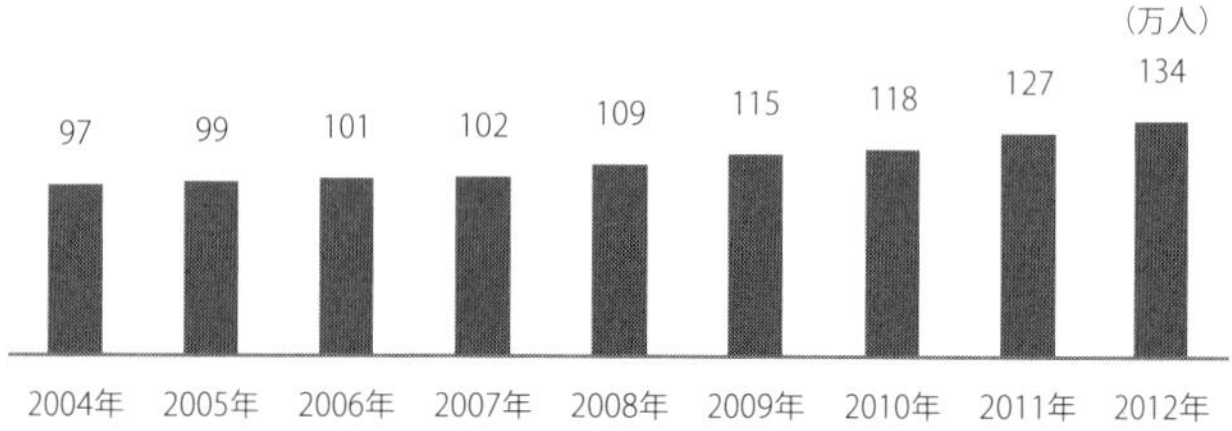

図 5　日本学生支援機構の事業規模

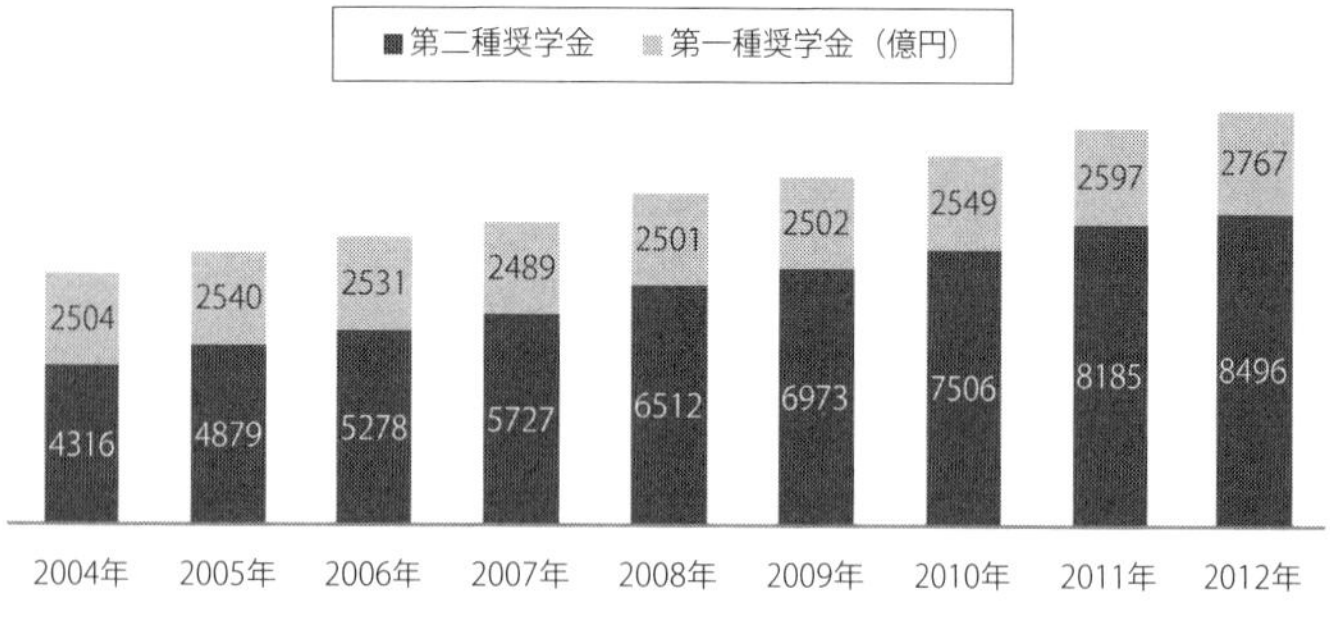

出所：図 4・5 とも，日本学生支援機構「JASSO 事業の取組状況と今後の展開」（2013 年）より作成

の総額であるから、60年以上の貸出総額からみれば、支援機構は驚異的な回収率をほこっている。事実、２００７年までの総回収率をみると、要回収額３１７５億円にたいして回収額が２５１５億円だから、８割ちかくの回収率を達成していることになる。また、２００７年だけの回収率をみれば、９割をこえるほどであるそうだ。逆に、どれだけきついとりたてをしてきたのだろうと、こわくなってしまうくらいである。すこし支援機構の返還催促のしかたをみてみよう。

財産の差し押さえ

まず、支援機構では、奨学金の返還開始時期は学校を卒業してから６か月後としている。通常、３月末に卒業するひとがおおいので、10月から返済することになるだろう。だが、10月になっても支払いがなかった場合、支援機構は毎月督促をおこなうようになり、それが６回ほどつづけられる。督促は通知票が送られてくるばかりでなく、電話がけもおこなわれていて、本人には１回目、５回目、６回目に、連帯保証人には２回目、３回目に、保証人には４回目に電話がかかってくる。そして、それでも支払いがなかった場合、ちょうど１年経過したということで、支援機構は法的措置や個別事情におうじた請求に移行するのである。

法的措置というのは、支払督促申立予告とよばれる手段のことである。ようするに、支援機構が借金を返済させるために裁判所に提訴するということだ。主張がみとめられると、支援機構は裁判所に強制執行を申し立てることができる。具体的には、債務者の給与を差し押さえて、その４分の１を回収することになる。ただし、差し押さえの対象は給与にかぎられており、現段階では家財道具や自動車などが差し押さえられたケースはないようだ。手元にあるデータによれば、２００４年度の訴訟件数は58件であったが、２００５年度になると３２１件に増え、うち強制執行を実施されたのは４件であった。２００６年になると９２５件がみとめられたが、強制執行されたのは０件。２００７年度は１７１５件みとめられて１件が執行された。それ以後の強制執行のデータはないが、２０１２年度の訴訟件数は６１９３件である。２００４年度とくらべると、およそ１０６倍。どうかしている。しかも現在、支援機構は１年以上滞納している14万人のうち、失業者と生活保護受給者をのぞいた約10万人を法的措置の対象にしているという。このはなしをきいて、どうおもうだろうか。ぞっとしてしまうのではないだろうか。奨学金問題で、バンバン訴訟がおこされていて、ほんとうに給与の差し押さえまでおこなわれている。あまり知られていないが、いま現実に信じられないようなことが着々とすすめられているのである。

ただ、裁判について特筆しておきたいのは、返済期限から10年間たてば、時効がみとめられるケースがあることだ。２００７年だけでも、５件の裁判で時効がみとめられている。たとえば、支援機構は総額３２０万円の返済をもとめて、兵庫県の男性を訴えたが、10年以上すぎたぶんの債権は時効がみとめられ、けっきょく１７０万円の返済で和解したという。また、神戸簡易裁判所であらそわれた訴訟でも、支援機構は女性に83万円の返済をもとめていたが、10年まえの債権50万円分は時効とされ、30万円の返済となった。もちろん、時効になるのは支援機構が催促の手紙を送っていなかった場合であり、つねにみとめられるわけではない。しかしパソコンでデータを管理されるまえ、いまの40代、50代まではそういうケースがおおいらしいので、債務者のとうぜんの権利としてあたまにいれておくとよいだろう。

とはいえ、支援機構もなにもせずに手をこまねいているわけではない。さまざまな手段をこうじて返還させようとしている。そのひとつが民間の債権回収業者をつうじた返還催促だ。さきほど最初の６回の催促については、電話がけや通知票の送付がおこなわれると述べたが、この業務はすでに民間の債権回収会社に委託されている。また、２００５年以降、支援機構はその後の催促についても、実験的に民間委託をはじめている。２００５年には５５６件、２００６年には７０３７件の催促を民間の債権回収業者が担当したそうだ。回収率もかなりよかったらしく、２００５年には、延滞1年以上2年未満で入金履歴のない５５６件に催促をおこない、２７３件の回収に成功した。金額でみると、回収率は37・1％であった。２００６年には、１０１８件の催促をおこない、３１１件の回収に成功した。金額でみると、回収率は10・４％であったという。このとき、中・長期延滞債権についても催促はおこなわれたが、あまり成果はでなかった。そのため現在では、延滞2年未満の初期債権の催促にたいして、重点的に民間委託がおこなわれるようになっている。

奨学金は親不孝

しかし、法的措置をちらつかされ、民間の債権回収会社からとりたてられるというのは、奨学金の借り手のほうからすればたまったものではない。その精神的ダメージははかりしれない。ひとつ例をあげてみよう。以下の引用は、支援機構から第一種奨学金を４５０万円ほど借りているが、収入がたりなくて返済を延滞しているかたの文章である。

支援機構からの直接の電話も何度かありました。その後、「保証人」である親元にも払い込み票とともに、返済しない場合、法的措置を講ずる旨の通知が届きましたが、そのため親が精神的に不安定となり、それゆえ自身も大変な精神的負担を強いられるという事態が発生しております。現在も彼らの精神的な不安定状況は継続しているといえるのですが、この先このような状態が続くことははっきりいって耐えがたいし、さまざまなことに支障をきたします。

また、支援機構でなく民間の債権管理会社からも電話がかかり、払い込み票の入った封書が届いております。これは私本人のところにも、それからやはり親の所にもあり、管理会社の電話対応はいまのところはまだソフトでしたが（私のところにかかってきたときは「返済をお願いします」というかんじだったのですが、親にかかってきた方はわかりません）、民間でもありますので、これから先どんなとりたてをされるかとおもうとやはり不安になります。

法的措置云々というのは、「返済未済奨学金の一括返還請求（支払督促申立予告）」が届いたことです。この書類では、上記の返還金額とともに、4月末までに入金しないと「返還強制の手続きをとることになるのでご承知おきください」との文言が入っています。裁判所に「支払督促申立」をする旨が別紙にて「最終通知」という形で添付されており、内容も形式もほとんど水道料金滞納時の給水停止予告書と同様のものでした。こういうものが届いて、これについて親とのあいだで争いが生じています。

親はすでに年金生活で夫婦月15万たらずで生活しており、私と同じくこの金額では「返済」などできるはずもないのですが、「おまえが返せない（返さない）というのなら支援機構と交渉してこちらですこしずつでも返す」といってききません。親にかんしていうなら、「借金」を「返さない」ことは「人でなし」であり、世間的には「落伍者」であり「国」のやることに間違いはない、という通念が強く、また「法的措置」という脅迫めいた文言が彼らにはきいているようです。こうした親との無意味なやりとりだけで、私のほうは過重な負担となり精神的にも追い詰められます[2]。

この古葉さんの文章を読むと、支援機構のとりたてがどれだけ奨学金を借りているひとの家族を不安におとしいれているのかがわかる。本人もそうかもしれないが、年老いた親が動揺している姿はように目にうかぶ。おそらく返還滞納者でおなじような経験をしたというひとは、けっこうおおいのではないだろうか。ただでさえたかい大学の学費。でも、子どものためにと、必死にはたらいてようやく4年間かよわせ、卒業させたとおもったら、「法的措置」とかぶっそうな文言のはいった通知がおくられてきたり、とつぜん民間の債権回収業者から電話がかかってきたりする。親のなかには状況がつかめず、子どもがなにか悪いことでもしたのか、消費者金融からでもカネを借りたのかと誤解してしまうひとだっているかもしれない。それでは精神的に不安定になり、子どもに怒りをぶつけ、ケンカになってしまっ

♠♠♠♠♠

2　古葉計一「奨学金返還をめぐって」、首都圏大学非常勤講師組合機関紙『控室』第68号、2008年9月、3頁。

てもおかしくはない。また、子どものために返済をはじめるが、やはり怒りをおさえきれずに子どもをなじってしまい、親子関係を気まずくしてしまうこともあるかもしれない。支援機構のとりたては、まちがいなく奨学生の家族を破壊する。

返還猶予の条件は？

さらにたちが悪いのは、マスコミにたたかれ、延滞債務のとりたてにやっきになりすぎているせいか、支援機構がきちんとした窓口対応をしてこなかったことである。よくきくはなしでは、相談窓口に電話をかけると「とにかく返せ」の一点ばりで、ぜんぜんはなしにならないらしい。さきほどの古葉さんの文章に支援機構へ電話をかけたときの様子が描かれているので引用してみよう。

裁判所が絡むことを回避し、親の精神的不安を取り除くためにも、仕方なく私自身が支援機構に直接電話をかけ、担当者たちとかけあいました。二度三度とかけたのですが、対応したのは、債権管理課と返還猶予課という部署です。対応としては、債権管理課のほうはあまり聞く耳もたずなかんじで、マニュアル的に応じている印象をもちました。やりとりの過程において、現在の時点の収入が過小であることを述べると、「月収10万でも返済している」などとの返答もあり、耳を疑うというか埒があかないかんじです。それに比べ、あとから電話をかけた猶予課のほうは、対応に若干幅がありました。ときどきに対応する人にもよるのでしょうが、一応対話可能とでもいうのでしょうか。その条件なら猶予可能性もあり、（猶予になるかどうかわからないが）審査してみるので課税証明や源泉徴収票など所得関係の書類を提出してくれとのことで、書類を提出し、現在のところなんとか猶予となった次第です[3]。

古葉さんは返還猶予がみとめられたようで、それはほんとうによかったのだが、しかし債権管理課のいった言葉にはおどろかされてしまう。「月収10万でも返済している」とはどういうことだろうか。ぜったいにウソである。正直なところ、月収10万円では月々５０００円、１万円だって返すことはできない。支援機構はこんなウソまでついて、貧乏人からとりたてをしたいのだろうか。というか、古葉さんの件にしても、支援機構ははじめから猶予される条件を公開していてもいいはずである。本人になんども電話をさせるのはただのいじめであり、精神的不安をあおるだけである。

じつは、古葉さんが支援機構とやりとりをしていたときは、返済猶予の規定がなかった。だから、どんなに低収入のひとでも、気がよわければむしりとられるというのが実態であったようだ。そういうのが批判されたのだろう。２００９年度になって、支援機構は以下のような猶予条件を公開した。

現下の厳しい経済状況下において、失業や低所得となり、奨学金の返還が困難となる方が増えることが予想されることから、このたび成立した平成21年度補正予算において、これらの方を対象に

♠　♠　♠　♠　♠

3　同前、３‐４頁。

独立行政法人日本学生支援機構が認定する返還猶予者の増加に対応するための予算措置が講じられました。

返還期限の猶予については、新たに奨学金の返還を開始する予定の方で未就職の方や、収入が少なく奨学金の返還が困難な方などが願い出ることができます。

返還期限が猶予される目安は、給与所得の方が３００万円以下（税込み）、自営業の方は２００万円以下（必要経費控除後）となっています。この金額を超える場合でも、家族の状況や特別の事情により返還が困難な方については、認められる場合もあります[4]。


猶予期間は５年間だけだというが、それでも年収３００万円以下であれば返還猶予がみとめられることがわかった。それがはじめから明確になっているだけでも、ぜんぜんおおきい。また、「はじめに」の補足でもふれたように、それから５年後の２０１４年４月からは猶予期間が10年に延長されている。きっと、もっといけるはずだ。というか、もともと日本には給付型奨学金がなくておかしなことになっていたのだから、５年、10年といわずに、猶予期間なんてかんぜんにとりはらって、低所得者にたいする返還免除くらいはしてくれてもいいはずだ。さきにも述べたように、２０１２年度から第一種奨学金を借りる学生については、所得連動制が導入され、卒業しても年収３００万円いかないあいだは無期限で返済をまってもらえることになった。あとはそれ以前に借りていたひとにも、また第二種奨学金を借りて利子をふ

♠ ♠ ♠ ♠ ♠

4　日本学生支援機構「奨学金返還期限の猶予について」２００９年６月９日。

くらませてしまっているひとたちにも、おなじことをみとめてくれたらいいだけだ。もしかしたら、借りたものを返せないというのは、恥ずかしいことだとおもうひともいるかもしれないが、そうではない。けっきょくとられてしまうにしても、せめて年収３００万円までは免除してほしいと、ねばることが大事である。そういう一人ひとりの努力こそが、いまはおかしなことになっている奨学金制度をすこしずつよくしていくのだ。じっさい、いろんなひとが声をあげたからこそ、いまでは所得連動制が導入されたり、返済猶予期間が延長されたりしているのである。口先だけでもいい、姿勢だけでもいい。宣言しよう、借りたものは返せない。

世界の高等教育①　アメリカ

これまで、日本における大学の授業料と奨学金制度をみてきた。特徴としては、国公立大学と私立大学ともに学費が高額であり、奨学金に給付（グラント）がなく貸与（ローン）ばかりであるというものであった。ようするに、学費がたかくて、奨学金が借金というのが、日本の高等教育の特徴であった。これは世界的にみてどうなのだろうか。第1章でとりあげたように、日本の高等教育にたいする公的支出は世界でも最低ランクであり、対ＧＤＰ比にすると０・５％、ＯＥＣＤ平均の半分しかない。当然ながら、他の国々よりも高等教育が充実していない。では、具体的にどのようなちがいがあるのだろうか。いくつか例にとってくらべてみよう。

まず、一般的に大学の授業料がたかいことでしられるアメリカをみてみたい。たしかに、私立大学の場合、アメリカは授業料がきわめてたかい。平均でも年間２００万円はするし、たかいところでは５００万円もする大学がある。日本の感覚でいうと、どこも医学部にかようようなものであり、ちょっとムリだとおもうひとがおおいだろう。だが、この私立大学にしても、それぞれが独自の奨学金制度をそなえており、授業料は実質的にディスカウントされる。学生は成績さえよければ、奨学金をもらって大学にかようことができるのである。もちろん、このしくみを一概に肯定することはできない。そもそも、私立大学は魅力的な教育環境をととのえ、よりおおくの学生をひきつけるために、高額の授業料をとってきた。なかでも、大学の独自奨学金は目玉のひとつであり、それをより充実させるために、よりおおくの授業料をとろうという大学間の競争がはじまった。だから、授業料をディスカウントする奨学金が、じつは授業料を値上げした原因だったりする。しかも、大学は独自奨学金の支給をつうじて、みずからに好ましい人材だけを選抜してきた。いくら授業料が安くなることがあるとはいっても、これを教育の機会均等ということはできないだろう。

これとは反対に、公立大学は教育の機会均等をめざしてきた。現在、アメリカでは学生の約７割が州立大学にかよっているが、その州立大学ではずっと低授業料政策がとられつづけている。４年制大学の年間授業料は22万円から１１０万円とばらつきこそあるものの、平均すると55万円ほどになるし、２年制大学は平均で22万円ほどになる。しかも、アメリカの場合、政府機関の奨学金制度がひじょうにしっかりしているので、給付型奨学金で授業料をカバーすることも可能である。たとえば、もっとも有名なのが「ペル奨学金」である。これはアメリカ最大の給付型奨学金であり、規模としても毎年１兆円をこえる金額が学生のもとにわたっている。受給基準も経済的必要性におうじて決定されており、低所得者を配慮したものとなっている。もし、それにもれた場合には「スタッフォード奨学金」のような貸与型があり、無利子と有利子、どちらも２兆円規模の奨学金がある。これらを公立大学の低授業料とかさねて考えてみると、アメリカはすくなくとも日本よりは高等教育の機会均等を実現しているといえるだろう。

世界の高等教育② イギリス

ヨーロッパはどうだろうか。第１章でとりあげた図２（27頁）をもういちどみてもらえばわかるとおもうが、ヨーロッパには高等教育を私的負担でまかなうという発想はないといっても過言ではない。ほとんどすべてか、そうでなくても可能なかぎりは、公的負担でまかなうというのが前提である。だから、最近になっていろいろな制度変更があるものの、基本的には大学の授業料は無料であるべきだという認識が共有されていると考えてよい。まずは、ヨーロッパのなかではわりと公的負担がすくないといわれているイギリスをみよう。ちなみに、もともとイギリスの大学制度を模倣していたオーストラリアも、おなじようなしくみをとっている。

従来、イギリスは教育の機会均等を実現するという意識がひじょうに根強く、大学にいくのにお金がかかることはなかった。政府が授業料を給付型奨学金として支給していたため、大学は実質的に無償になっていたのである。しかし、１９９８年からすこしずつ状況がかわってきている。この年、イギリスは大学の授業料の徴収をはじめ、年間約21万円をとるようになった。その後、1年に1万円ずつ値上がりしている。また、EU圏外の外国人留学生については、授業料をすべて私的負担とし、文系が175万円以上、理系が230万円以上となっている。さらに、このときの改革によって、障害をかかえた学生をのぞいて、給付型奨学金が原則として廃止されてしまった。

そして、2004年になると、ブレア首相（当時）は上限金額を3000ポンド（約63万円）と決めたうえで、各大学が自由に授業料を設定してよいという法案を通過させてしまった。この法律が施行された2006年からは、じつに9割ちかくの大学が授業料を最高金額の63万円に設定している。しかし、ここまでやられてイギリスの人びとが黙っているわけがない。学生たちはすぐに抗議行動にとりかかり、議会では野党ばかりでなく与党でも100人以上の議員がブレアに異議をとなえた。当時、法案に反対する広範な世論がかたちづくられ、野党の保守党でさえ「高等教育の無償化」をとなえはじめたほどであった。こうした世論の後押しもあって、いくつかの妥協がうみおとされることとなった。ひとつは、いちど廃止された給付型の奨学金制度が2005年に復活したことである。家庭の収入などが配慮され、低所得者層の学生にたいして、年間最高2765ポンド（約65万円）が給付されている。

もうひとつは、授業料のはらいかたが卒業後の後払いになったことである。つまり在学時には、授業料相当分を国がたてかえて大学にはらい、学生が卒業してからそれを返済する。イメージとしては、貸与奨学金の制度がはじめから授業料に適用されていると考えればよい。しかも、その貸与奨学金には所得連動制がくみこまれている。卒業後、学生は所得から奨学金を返済することがもとめられるが、それはあくまで年収１万５０００ポンド（約３４４万円）をこえてからで、超過分の９％でよいとされている。しかも、所得の低いひとがいつまでも借金をひきずっているのは、老後の生活を圧迫することになるから、卒業後25年間で残っている債務は帳消しになるとされている。正直、日本にいる側からすれば、うらやましいというほかない。第１章の図１・図２（26‐27頁）では、イギリスの高等教育にたいする公的支出がすくないということや、私的負担がたかいということを指摘したが、それでも低所得者にかぎっていえば、学費は実質的にただなのである。イギリスでは、いちど学費の値上げが本格化したが、学生や教員たちが猛反発し、それをおしとどめるどころか、むしろ学費の無償化にむけておしかえしたということができるだろう。

世界の高等教育③　ドイツ

これにたいして、ドイツやフランス、イタリアでは、いまでも大学授業料は原則無料である。ここではドイツを例にとってみよう。イギリスとおなじように、むかしからドイツも高等教育の機会均等という理念がひじょうに根強かった。とくに、１９６０年代から70年代にかけて、学生たちが「社会的弱者にも教育の機会をあたえよ」という要求をかかげて、政府に強力なプレッシャーをかけ、１９７２年から全国の大学授業料を無料にさせたのが特徴的である。しかし、ドイツでも１９９８年あたりから状況がかわってきている。この年、バーデン・ビュルテンベルク州は、授業料がただであるために、学生が５年、10年と大学に在学をしつづけ、国家財政を圧迫しているとして、長期在学者から授業料を徴収す

ドイツの学生たちは，授業料徴収に反対してデモや集会をくりかえした。
（Ulla's Amazing Wee Blog より）

ることを決定した。

その後、すこしずつ授業料徴収の動きがはじまり、2005年には連邦憲法裁判所が授業料徴収を全国一律で禁じるという法律を無効にしてしまった。これをうけて、いくつかの州が2007年度から500ユーロ（約7万円）の授業料徴収を決定し、ドイツ国内で大きな波紋をよんだ。学生と大学教員たちは、抗議のために各地でデモをくりかえし、「教育は商品ではない」「授業料徴収は社会を分断させる」とのプラカードをかかげた。こうした世論の強い反発もあって、州のなかにはいちど授業料徴収を公表したものの、それを撤回するところもあらわれた。だから結果としてみると、現段階では授業料徴収は一部の州にとどまり、ほとんどの学生がいぜんとして無料で大学にかよっているのである。

ドイツでは、政府機関の奨学金もしっかりしている。なかでももっとも大きな政府機関の奨学金が、連邦教育訓練助成法にもとづいた奨学金である。これは親や本人の所得におうじて受給資格がみとめられ、学生ひとりあたりの最高受給額は65万円とされている。特徴的なのは、受給額のうち50％が給付であり、50％が貸与とされていることだ。学生からすれば、奨学金の半分は贈与としてもらえることになり、返済しなくてはならないのは半分のみということになる。返済のしかたについても、日本とくらべればかなりのゆとりがあり、返済がはじまるのは支給終了後の５年目である。毎月の返済額は、最低１０５ユーロ（約１万４０００円）とされ、最長20年で返済することがもとめられる。だが、月収が９６０ユーロ（約13万円）にみたない場合は返済猶予となる。しかも、２００３年以降に入学した学生については、返済総額に上限がもうけられ、どんな場合であっても１万ユーロ（１３８万円）以上の返済義務は生じないことになった。ドイツでは、授業料はほとんど無料であり、しかも低所得者には給付にちかい奨学金が存在している。

世界の高等教育④　スウェーデン

ヨーロッパのなかでも、もっとも高等教育が充実しているのが北欧諸国である。とくにデンマーク、フィンランド、スウェーデンは、対ＧＤＰ比でみた公的高等教育支出の割合がそれぞれ１・８％、１・７％、１・６％とひじょうにたかい。国家政策のかなめが教育の機会均等となっており、初等教育から高等教育にいたるまで基本的にお金がかかることはないのである。スウェーデンの初等教育にかんしていうならば、授業料が無料であるばかりかノート、鉛筆、消しゴムなどの勉強道具や食費さえ無料であるらしく、生まれながらの経済的境遇によって不平等がうまれないように、教育はすべて公的負担でまかなうことが基本原則とされている。高等教育の場合、さすがに勉強道具や食事にカネがでることはないが、それでも他の国々とくらべれば私的負担の額はひじょうにすくない。もうすこしスウェーデンを例にとって、高等教育についてみてみよう。

スウェーデンでは、基本的に大学の授業料はただである。しかも、全国14の国立大学が無料であるばかりでなく、全国３つの私立大学も無料である。そして、これはいかなる学生もであって、外国人留学生もすべてふくまれる。もちろん、入学資格はさだめられているが、外国人留学生にしてもスウェーデン語準備コースに１年間かよってスウェーデン語を習得すればよいとされている。一般の入学資格にも工夫がこらされており、高等学校を卒業していることだけではなく、25歳以上で４年間の労働経験があり、中等教育修了程度の英語とスウェーデン語の力があれば大学に進学することができる。だから、大学生の年齢をみてみると、45％ほどが25歳以上の成人であるという。スウェーデンでは授業料がただであるばかりでなく、大学が学生をうけいれる幅がひじょうにひろいということができるだろう。

また、奨学金制度も充実している。スウェーデンには、給付と貸与の二種類の奨学金が存在しており、年間の支給額は、給付が最高40万円、貸与が73万円で、合計すると１１３万円、割合としては給付型奨学金が全体の約35％をしめている。支給基準としては、親や配偶者の収入とは切りはなして、学生個人の収入だけが考慮されるのが特徴的である。25歳以上の学生の場合、収入のある配偶者がいることもおおいが、授業料がただで、個人単位で奨学金が給付されるのであれば、そのお金を生活費にいれることができるので、パートナーになんの気がねもなく大学に進学することができる。共働きでなんとか生計をたてている世帯にしても、授業料がただで奨学金が給付されるのであれば、どちらかが仕事をやめて大学にいくことも可能だろう。子どものいる学生も全体の4分の1ほどいるようだが、そうした学生についてては別の経済的援助をうけることができ、まなびながら生計をたてられるように配慮されている。スウェーデン政府は、学習のために経済的援助を必要としているすべての学生に支援をおこなうことを基本原則としているらしいが、授業料の公的負担もふくめて考えれば、まさにそうした原則がつらぬかれているといってもいいだろう。

日本の奨学金制度の迷走↓暴走

ここまで、アメリカとヨーロッパの高等教育をみてきたが、くらべてみると日本の授業料と奨学金がどれだけ異様なものであるかがわかるだろう。国公立大学と私立大学の授業料がともにたかくて、奨学金が借金しかないなんてふつうはありえないのだ。第1章で、ながらく日本が大学無償化をうたった国連人権規約13条2項（c）に留保してきたと述べたが、まさにその姿勢がありありとあらわれている。そんなひどい状況だったからだろう、2001年に国連人権委員会は日本政府をきびしく批判し、留保の撤回をもとめた。この問題は、回答期限が2006年と設定されていたことから、2006年問題とよばれていた。2006年といえば、ちょうど奨学金返還の延滞率がたかまり、支援機構の赤字が社会問題化していたときである。人数でいうと、3か月以上の延滞者が20万人ちかくにまで増えてきたときである。大学の授業料や奨学金制度を抜本的にみなおさなければ、もはややっていけなくなっていた時期だ。

しかし、２００６年になっても、日本政府が国連に回答することはなかった。回答をおこなうかわりに、政府がとった手段はただひたすら奨学金のとりたてをきびしくするというものであった。じっさい、政府は『「独立行政法人日本学生支援機構の主要な事務及び事業の改廃に関する勧告の方向性について」における指摘事項を踏まえた見直し案』（２００６年12月24日、行政改革推進本部決定）を発表し、支援機構は民間有識者をまじえて意見交換をおこない、奨学金の回収を強化するべきだと提案している。そして、これをうけて２００７年に支援機構が設置したのが「奨学金の返還促進に関する有識者会議」（以下、有識者会議）であった。有識者会議は、以下の９人の委員から構成されている（肩書きは当時のもの）。

市古《いちこ》夏生《なつお》（お茶の水女子大学教授）……座長
加山勝俊（社団法人しんきん保証基金常務理事）
黒葛《くろくず》裕之（関西大学教授）
小林雅之（東京大学教授）
斎藤鉄生（早稲田大学学生部奨学課長）
白井淳一（信金ギャランティ株式会社代表取締役社長）
宗野《そうの》恵治《えいじ》（弁護士）
濱中義隆（独立行政法人大学評価・学位授与機構准教授）

藤村直（三井住友銀行融資管理部長）

ひと目みてわかるとおり、金融関係者がひじょうにおおい。これにたいして、教育の専門家といえる大学教員は小林雅之氏ただひとりである。こうした人数比もあるのだろうか、有識者会議では所得連動制などの返還方法も紹介されたらしいが、議事録をよむかぎりではそれが真剣に議論された気配はみじんもない。むしろ、支援機構に民間金融会社の手法をとりいれ、借り手にたいするペナルティを強化しようという議論ばかりがなされていた。無理もないことだ。意見を述べているのが民間の金融会社なのだから。結果的に、提言されたのは以下の３点のみであった。

① 法的措置の徹底
② 民間の債権回収業者への業務委託
③ 返還滞納者のブラックリスト化

これらの内容についてはすでに説明した。じつのところ、いま支援機構がおこなっているとりたての強化は、ほとんど有識者会議の提言によるものだということができるだろう。２００６年問題をうけて、日本の奨学金制度のぐらつきがはっきりとしたまさにそのとき、日本は世界の常識とは逆行するみちをすすみはじめた。もともと逆行はしていたから、さらに暴走をはじめたといったほうが正確かもしれない。奨学金制度の貸金業化。ひとことでそうまとめられる有識者会議の提言は、日本の高等教育のゆがみをより露骨にうつしだしているといっても過言ではない。

さて、さきにも述べたように、２０１４年度から、卒業後、年収３００万円以下であれば、返済を10年間猶予されるようになった。また、２０１２年度からは第一種奨学金にかぎって所得連動制が導入された。そして２０１３年には、政府が国連人権規約の高等教育無償化条項に署名をした。もしかしたら、有識者会議に参加していたひとたちが、がんばってくれたおかげではないかとおもってしまうひともいるかもしれないが、それはぜんぜんちがう。２００８年度末にブラックリスト化問題が生じてから、これはあまりにひどいということで、奨学金問題が社会問題としておおきくとりあげられた、その結果である。労働組合や弁護士団体が、返済にこまっている人たちに相談窓口をひらき、議員やメディアをつかってさわぎたてた。また、学生や院生もヒマさえみつけては、トラメガを片手に支援機構につめかけた。

よほどのプレッシャーになっていたのだろう。２、３年くらいまえ、学生にさそわれて支援機構の市ケ谷支部にいってみた。やろうとしていたのは、給付型奨学金の創設をもとめて要望書を提出するという、ごくシンプルなものであったが、いってみると入口のまえには三角コーンがならべられていて、しかもドアが閉まっていて、だれもなかにはいれなかった。やすみだったわけではない。なかにはひとがいて、こちらの様子をうかがっている。こちらもじっとまっていると、５時すぎくらいに裏門から職員がぞろぞろと帰っていった。給料どろぼうだ。きっとわたしたち以外にも、いろんなひとが支援機構におしかけていて、もうたえきれないところまできていたのだろう。そういうちょっとした努力のつみかさねが、所得連動制をひきだしたのである。でも、まだまだたりない。もうひとおし。すべての借金をチャラにして、ちゃんとした奨学金をつくってもらおう。大学にいきたい、カネがほしい、無条件で。

ブラックリスト化の問題がおこったころ、わたしは友人たちといっしょに**ブラックリストの会 in 東京**という団体をつくり、支援機構におしかけたり、シンポジウムをひらいたり、いろいろ文章を書いたりしていました。せっかくなので、そのころの文章をふたつほど。ひとつは、他団体で奨学金問題にとりくんでいた院生との対談。もうひとつは、ベーシックインカムとからめた大学論です。ぜひ、前章の参考にしていただけたらと。

補論1 対談

院生問題——いま、「学生に賃金を」を考える……秋山道宏×栗原康

❖ブラックリスト化される院生たち

▼**栗原**　ブラックリスト化問題の話からはじめましょうか。

▼**秋山**　ブラックリスト化の問題が急浮上したのは、2008年の末でしたね。わたしのかかわっている全院協（全国大学院生協議会）【＊1】では、奨学金の問題にずっと取り組んできており、これまでも日本学生支援機構（以下、支援機構）の奨学金が「もはや奨学金として機能していない」という批判を行なってきました。ブラックリスト化の問題は、その延長線上で出てきたものと理解していましたが、「ここまで極端なことをするのか」ということで、院生のなかから疑問、不満、怒りも数多く出されたため、この問題に取り組みはじめました。

▼**栗原**　ぼくらもびっくりしましたね。友人のなかには、ブラックリスト化のことを「戦後教育史上最大の愚行だ」って言うひともいましたし。ただでさえ奨学金が借金だから、みんな返せなくてひいひいいっているのに、3か月以上返済が滞ったら金融機関に個人情報を流すとか、ちょっとありえない。そんなとき、京都のほうで「ブラックリストの会」というのができて、今年（2009年）の1月にデモをやるというのを聞いたので、じゃあ東京でもなにかやろうということで、「ブラックリストの会 in 東京」というのをつくって集会をやったりしていました。

全院協のほうでは、ブラックリスト化問題については、どんな議論がされていたんですか。

▼**秋山**　全院協では、毎年、大学院生の経済実態に関するアンケートを実施し、奨学金問題についても

調査してきました。これまでの調査結果から、奨学金の申請を断念した人のうち、おおくの方が「返済に不安があるから」を理由として挙げていて、奨学金が奨学金として機能していないという現実は認識していました【＊2】。そして近年、この傾向が強く出てきたところに、ブラックリスト化の問題が合わせて出てきたことで、全院協では、あらためて奨学金問題にフォーカスを当てて取り組みを始めた、というのが大まかな流れですね。

この「教育的な観点」から返還促進を狙ったとされるブラックリスト化の問題をみんなで検討していくうち、その流れの延長には、奨学金のローン化・金融化という問題が、そしてさらにその先には奨学金事業の民営化や証券化というような問題が見え隠れしていることもわかってきました。これらの検討作業のなかで、わたしたちは、このブラックリスト化の問題は、関心をもっているいろいろな層の人たちと議論していかなくてはいけないし、そもそも「奨学金って何なのか」ということを問いなおす必要があるのでは、ということを確認しました。

そして、アンケート調査の結果やこのかんの議論を受け、今年（2009年）の2月に支援機構に要請を出したんですけど、基本的には「文科省の言っていることだから」の一点張りで、ブラックリスト化のロジックを決して崩そうとはしなかったんです。

そのような状況のなか、「ブラックリストの会 in 東京」や奨学金の会といった団体と共同で取り組みを進めてきたことで、最大5年間の返還猶予基準を明確化することや、金融機関への個人情報の提出にかんする同意書の強制を部分的に撤回させるところまできました。でも、ブラックリスト化の考えかたを崩すまでには至っていないというのが現状ですね。

▼栗原　「ブラックリストの会 in 東京」には、卒業してフリーターをやっていたり、ふつうにはたらいていたり、学生もいれば院生、非常勤講師とかもいるんですけど、だいたいみんな院生のときに借りているると400万円とか、ぼくだと600万円くらいで、学部から借りているひとは1000万円ちかく借りていて、まあ返さないというか、返せないというか。それでブラックリスト化のことが明るみにでたので、集会をやりつつ、いろいろ調べてみたんですけど、「奨学金の返還促進に関する有識者会議」っ

ていうのがあって、これほんとにひどいんですよね。ブラックリスト化のちょっとまえ、２００６年くらいから、日本の奨学金制度は回収率が悪いとか、破綻しかけているとか、危機だとか騒ぎたてていて、その解決策として三つの柱を打ちだしている。債権回収業務の民間委託、法的措置の徹底、そして、このブラックリスト化。貸金業者ですかみたいな。

そういうのをみているうちに頭にきて、ぼくらも支援機構にいってみたんですけど、おなじような反応が返ってきて。「わたしたちがやっているんじゃなくて、有識者会議や文科省に言われただけです」って。それならとおもって、有識者会議のメンバーを調べてみたら、ほとんどが金融関係者。ただ、大学教員が2人だけいて、その1人が小林雅之さんという教育学者だったので、訪問というか待ち伏せをして「なにやっているんですか」って言ってみたり、論旨のよくわからない新書【＊3】をだしていたので「書き直してください」と言ってみたりしました。

なんか有識者会議って変ですよね。たんなる私的会合でしかないのに、いろんなことを決めていたりする。小林さんも「わたしは利用されただけだ」と開き直っていたので、自分では悪いことをしていると考えていないとおもうんですけど、そういうひとに「あなた悪いことをしていますよ」ってきちんと伝えたり、有識者会議みたいな私的でみえにくい場がどういう機能をはたしているのかを顕在化させるというのも、大切なのかなと。

❖大学の管理評価

▼**栗原**　さきほど、アンケートの話がでましたけど、ほかにはどんな声がおおいんですか。

▼**秋山**　そうですね、アンケート調査から浮かび上がってきた切実な声としては、大きく三つになりますかね【＊4】。まず、一つ目が、高学費や奨学金制度の不備から生じる院生の経済的な不安定さですね。院生の多くは、高学費という状況のなか、アルバイトなどでなんとか授業料、生活費や研究費を稼ぎながら大学院に通って研究しているのが現状です。

次に、最近、表にでてきた問題としては、就職の問題があります。このかん、院生が増加した反面で、研究者のポストが縮小し、就職が難しくなってきています。そのなかで、就職不安のために博士課程に進学できない、研究を続けられないという声がかなり出てきています。

最後に、これは大学院重点化政策ともつながって
くるんですけれども、この数年、大学院の内と外か
ら競争化の問題が出てきていて、論文を早く書いて
業績を出さなくてはいけないとか、流行にのったも
のを書かなければ研究費が確保できない、といった
実態も調査結果からわかってきています。わたしの
周囲でも、論文本数の確保や研究費の獲得に関心が
集中してしまい、なかなか院生どうしで研究につい
て広く議論したり、研究会や勉強会をするのが難し
くなってきている、という声もちらほら聞かれ、競
争化の影響を実感しています。

▼**栗原**　ぼくのまわりも、おなじようなかんじにな
ってきているんですけど、論文の本数をもとめられ
ても、歴史とか思想、哲学とか、そんなに本数書け
るものではありません。そういうところに、一律で
おなじ本数をもとめられてもっておもいますよね。

▼**秋山**　そうですね。本数で単純に比べられるもの
ではないですよね。わたしのまわりは、まだまだ異
なる分野の人どうしでお互いの研究をたかめあって
いこう、という人がおおくて、研究会などもやって
いるんですけど、大学全体としては、競争化の中で
お互いがぴりぴりしているところはありますね。

▼**栗原**　そう、なんかぴりぴりしてるんですよね。
そんなに早く論文書いて博論だしても、別に就職で
きるわけではないのに。

▼**秋山**　そのなかで良い研究ができるかっていうと、
かなり疑問ですね。

▼**栗原**　なにか研究するときに、メンタリティとし
て「はやく書かなきゃ」ってずっとおもわされてい
るのは、けっこうしんどいですよね。もっとのんび
りというか、だべっていられるような場がないと。
こういう状況になったのって、いつぐらいからだ
とおもいますか。

▼**秋山**　大きな流れとしては、やはり90年代初頭の
大学院重点化が大きな転換点だったとおもいます。
91年に大学設置基準の大綱化というかたちで、一般
教養科目と専門科目の区別をなくして、大学の設置
をできるだけ自由化していこうという流れができま
した。その流れと並行して、大学院重点化も進めら
れてきました。この大綱化により学部教育を省力化

したことで、大学が、大学院に研究・教育をシフトさせ、院生数を増やし予算を確保していくという構図ができあがってきました。

　加えて、ここで整えられた自由競争の仕組みを後押しするように、２０００年代に入ってからは、構造改革路線の流れのなかで大学の制度改革が一気に進み、競争による選択と集中、評価システムの確立および産業界との連携、といった流れが大きなものとなってきたようにおもいます。

▼**栗原**　最近、新聞で読んだんですけど、重点化政策をさんざんやったあげく、文科省が失敗だったって言いはじめていますよね。でも、そこでだされている方針というのが、たんに院生の定員を減らせばいいみたいな。

▼**秋山**　そのような対応はかなり短絡的なものだとおもいます。そもそも、院生を増やしてきたこと自体が問題なのかどうか、そこが問われるべきではないでしょうか。

　わたしの見方では、社会全体として知的な生産にたずさわる人が、どのようなかたちでその力を活かせるのか、ということを考えずに院生を増やしてきたことに問題があったのではないか、と考えています。つまり、大学改革や大学院重点化が、大学内での環境変化への対応の結果としてではなく、労働市場の変化や行財政改革といった外的な要因によって駆動させられてきたところに問題の核心があるのではないか、ということです。そのことへの言及や総括も無しに、重点化政策が間違っていたから「定数を削減すればよい」という考えかたは安易だとおもいますね。

▼**栗原**　ぼくもそうおもっていて、もちろん院生の数が増えてポストがない、お金がないってすごく問題です。実際、ぼくも今年、博士課程を満期退学になって非常勤講師をやっているんですけど、ぜんぜん食べていける状況ではないし。そうなんだけど、正規のアカデミックなポストに就かない院生が増えているのって、それ自体が悪いことなのかなっておもうんですよね。

　たとえば、いまいっしょに勉強しているひとをおもいうかべると、おなじ研究室のひとだったりはしない。学外で知りあった学生、院生、フリーターとか非常勤講師だったりするんですけど、話す内容はぜんぜんアカデミックだったりする。自由な雰囲気だから、いろんな発想がでてくるし、今回のブラックリスト化問題とか、なにかあったときは、気づくと「どういうアクションやろうか」みたいな話をしていたりします。

院生って、いま学籍はないけどまなびたくてしかたがないっていうひとたちとあまり変わらないし、学籍の有無にかかわらず、そこまでふくめて「院生」と呼んでいいのかな、と。院生って、いままでとは別のアカデミックなものにふれる機会がものすごく増えていて、しかもそういう機会がすでにいろんな場所にできているし、足りないのはお金だけ。だから、院生の人数を減らすよりも、むしろ院生の生活保障をすれば、それだけでアカデミックな力が圧倒的なものになるとおもうんですよね。

▼**秋山**　いまおっしゃった「自由な雰囲気だからこそ自由な発想ができる」という指摘には納得です。わたしは、学部の頃、東京都立大学（以下、都立大）にいたのですが、当時、都立大にはあるていど自由な雰囲気が残っていて、学生どうしで議論し学びあえる場所がありました。わたしも授業だけでは満足せずに、いろんなところで研究会や古典の読書会を開いたり、サークル棟で朝まで飲んで議論していました。このような場所からわたしも研究の面白みや自由な発想を得たんですが、東大駒場寮（第4章190頁参照）や山形大学の寮の廃止、都立大の夜間課程（B類）の廃止といった大学をめぐる変化のなかで、大学自体が管理の対象とされる流れがでてきました。

あと、都立大改革（第4章178頁参照）との関連で言えば、人文学的なものをどんどん軽視して大学から追い出していく流れがあって、それが大学の管理や評価・競争を軸とする大学のあり方へのシフトと連動してきたとおもいます。それまでの大学には、自由な雰囲気があったからたまる場がある、たまって議論する場があるからこそ自治が成り立ち、学生がたまる場が守られる、というサイクルがあったとおもいます。しかし、いま言及したような大学の管理化のなかで、学生が大学という場を構成する一員ではなく消費者として、サービスの受け手として管理されていくような仕組みが、いわゆる大学改革の一連の流れのなかでつくられてきたんじゃないかな、と。

▼栗原　院生って変な悪循環がありますよね。ほんとは好きなことをやってしまえば、なんでも自由にできるんだけど、業績評価っていうのがあって、論文をたくさん書いて、はやく博論をださないと就職先がないからとおもって、競争の激化のなかで自分を無意識のうちにコントロールしてしまい、結局は好きにやらないし、やれない。そういう管理のされ方がすごく強いんだとおもいます。

あと、ぼくは学部生のころから早稲田大学にいたんですけど、たしかにぱっとみで自由な雰囲気がなくなってきているというのはあるのかな、と。早稲田は２００１年に部室撤去があったんですけど（第４章１８４頁参照）、このころから大学の管理って驚くほど厳しくなったんですよね。そのまえまでは、部室やラウンジでタバコをすっておしゃべりしていたり、空き教室を勝手に使って勉強会や上映会ができたんだけど、いまはぜんぜんできなくなっています。とくに新しい建物はオートロックなのでそもそも使えないし。そうなってしまうと、学生からしたら授業にでるくらいしかやることがないのかもしれません。

❖大学教育の商品化

▼栗原　さっき90年代初頭の大綱化の話をしてくれたけど、やっぱり広い意味での大学のネオリベ化（新自由主義化）を考えるときに、その柱にあるのが学費なのかなとおもっています。

日本って授業料が異常にたかいじゃないですか。しかも、家賃や物価がたかくて生活費もかさむ。授業料の値上がりがはじまったのが１９７０年代で、世界的にもネオリベ改革がはじまったころだとおもうんですけど、授業料値上げってネオリベの象徴なんですよね。大学や教育や学問という知的なもの、非物質的なものを商品とみなすことで、認知資本主義とかポストフォーディズムとか言われている枠組みのなかの典型的な産業になる。

実際、国立大学の授業料が上がったのって、71年に中教審が四六答申をだしたあとですけど、そのとき言われていたのが、大学は学生個々人の多様なニーズにこたえられる教育を提供しましょう、学生はそのなかから自分への先行投資として自分にあった教育を選択しているのだから、自分でお金を出すのが当然でしょうというものでした（第３章１１７頁参照）。そこには教育は商品であり、学生は消費者であるという認識が明確にあります。

▼秋山　いまの学生や院生は、たかい学費をアルバイトで稼ぐようになってきていて、ほんとうに限られた時間のなかで大学・大学院に行っているから、「それなりの授業・指導を提供してもらわなければ」っていう感覚があるのはすごくわかるなあと。ただ、大学や知とのかかわり方としてこの流れでいいのか、という疑問は強くもちますね。現時点で必要なことは、学費の問題を入口にして、学生や院生の大学とのかかわり方の変化や、栗原さんが指摘した「商品を提供する場」への大学の変質、といった問題を議論すること、そしてその是非を見極めることではないかとおもいます。

この問題を考える際に、おそらく一つ切り口になるのが、学生や院生を大学という場をかたちづくる構成員と見る思想です。都立大や、わたしがいまいる一橋大学では、「学生・院生は大学の構成員である」という認識は大学側にも残っていたし、いまも少なからず残っている。そうであったからこそ、大学自治というものが、いち消費者としてではなく、大学のいち構成員としての学生・院生の意見をまとめていく仕組み・運動として、大きな意義をもってきたと言えます。しかし、大学院全体を見渡すと、院生の多忙化や多様化のなかで、自治自体が難しくなってきているのも事実ですし、そのなかで院生も消費者として扱われるようになっている流れを認識することも大切でしょう。

▼栗原　企業と消費者の関係ではなくて、という話を聞いていておもったんですけど、海外、とくにヨーロッパでは、まだそういう認識が強いのかもしれないですね。

ちょうど日本でブラックリスト化問題がでてきたころ、フランスではサルコジ大統領の改革に抗議して、いくつもの大学で無期限の全学ストとかが起こっていました。フランスだと、日本みたいにネオリベ改革をやろうとしたら、そういうふうに学生がいっせいに叛乱をおこしちゃう。しかも、教員もいっしょにストライキをやっていたりする。

▼秋山　ヨーロッパだと、大学のなかに学生の代表が意見を述べる場がもうけられている場合もあるそ

うですね。ネオリベ改革へのそうした反応は、おそらく制度的にもメンタリティの面でも、学生・院生が大学の構成員として認められ、彼ら／彼女らもそれを自覚していることが大きいのではないでしょうか。

フランスの事例もそうだとおもいますが、学生と教員がともに大学の構成員として連携し、お互いがお互いを支援するからこそ、全学ストなんかが打てるわけですよね。きっと教員だけでやっているともたない。その点も含め、大学や学生という存在に対する認識が、日本とヨーロッパとではだいぶ違っているのではないでしょうか。

▼**栗原**　いまの日本だと、支援や連携どころか、教員が授業をしないことに文句をいう学生がけっこういるかもしれないですね。

▼**秋山**　都立大改革のとき、わたしはまさにその問題に直面しました。改革のやりかたがあまりにもひどいということで、わたしが所属していた学部の教員が抗議の意味も込めて辞めたんです。そのときのまわりの反応が、「学生がいるのに授業を放棄して辞めるのは無責任じゃないか」というものだった。わたしとしてはその教員を支持したかったのですが、周囲の雰囲気を考えると、なかなか難しかったのを覚えています。

当初わたしは、教員の意図していること（改革への意思表示）を、なぜ周囲の友人たちが理解しないのか、と疑問におもいました。しかし、すこし考えてみると、ここに象徴的に現れていたズレは、「大学とはいかなる場か」ということについてのコンセンサスが、学生の側にも教員の側にもなかったために生じたのではないか、ということに気がつきました。このズレが、都立大の場合には強圧的な改革という極端な状況のなかで顕在化しましたが、今後、他の大学でも露わになるのではとおもいます。

だからこそ、今後、大学をめぐる諸問題を考えるとき、この大学像や学生像をめぐるズレをどう埋めていけるのかが、大きなポイントになるのではないでしょうか。

▼**栗原**　たぶん日本の大学教授がストライキを起こしたことってないとおもうんですけど、いちどやってみたらいいとおもうんですよね。

▼**秋山**　学生がどういう反応をするかですよね。消

費者意識まるだしになるのかどうか。

▼栗原　あんがいそうならない気もするんですよ。学生が大学に行ってみたら、教室に「ストライキのため休講です」って張り紙がはってあったとする。そしたら、「何が起きてるんだろう」っておもうんじゃないですかね。そうなったときに、教員も大学で起こっている問題を説明しなくちゃいけないし、そこから大学についていっしょにものを考えていく場がうまれるのかもしれない。

たまに授業のクオリティに文句を言ってる学生をみることがあるんですけど、そういう学生って、なにか大学に過剰なおもいをもっているんだとおもいます。いまはそれをぶつける場所が授業しかないけど、ちょっとしたきっかけでその過剰なものが反転する可能性もあるんじゃないかと。

▼秋山　問題を顕在化させるという意味では、教員のストライキっていいかもしれないですね。

❖院生に給料を！

▼栗原　さっきの話にもどすと、ヨーロッパでは、この20年、30年かけて、そういう雰囲気をつくってきたのかもしれません。

最近、アウトノミアについての文章を読んでいたんですけど、1960年代末から70年代にかけて、イタリアの学生たちが、自分たちは知的生産にかかわる労働者だ、「学生に賃金を」って言って立ちあがっているんですよね。当時、問題になっていたのは大学の画一的管理のことだったんですけど、たとえばミラノ大学だと、建築学科の学生と教員が、ホームレスの人たちを大学構内にがんがん入れて、居住させちゃったりする。もちろん、当局は「部外者の退去」をもとめるんですけど、そしたらこんどはホームレスの人たちを非常勤講師として扱って、講義もしてもらう。それなら学内者なので排除はできないし、非常勤講師なのでお金をもらってもいいくらいだろう、と。

結局、このときは学外に退去させられてしまうんですけど、引きかえに市内に無料住宅を、電気水道代込みで提供させたらしいんです。たぶん、そういうところに学外者、学生、教員という垣根をこえて、大学の知的生産に賃金をはらわせよう、生活保障をさせようという発想がうまれたんだとおもうし、教員との接点や高等教育無償化の布石みたいなものが築かれるきっかけになったんじゃないかとおもうんですよね。

最近、全院協で、「院生に給料を」っていうスローガンが提案されているって聞いたんですけど。

▼秋山　さきほどもふれましたが、いまおおくの院生が、アルバイトをしながら、なんとか時間をみつけて自分の研究をしています。そして、ほとんど専任の教員と変わらないかたちでそれを学会などの場で発表し、論文も書き、社会的にもさまざまな回路を通して還元していることも忘れてはならないでしょう。これらの知的な生産活動に対する承認として、「院生に給料を」という主張は大きな意味をもつのではないかと考えています。

わたしの研究に引きつけて言うと、テーマが地域研究なので、たんに学界に還元するだけではなくて、いかにフィールドに自分の研究を返していくのか、そしてその研究結果に対してフィードバックをもらうのか、というところまで考えています。おそらく、おおくの院生は、分野は違うにせよ、そういった水準のことまで考えて知的な生産をしているのではないでしょうか。

このような水準で知的な生産活動をしているにもかかわらず、消費者として「学費をはらえ」と言い続ける側のロジックを、院生の側は「院生に給料を」という表現によって、自らの知的活動への承認要求で崩す必要があるとおもいます。ある意味、この要求には、「給料」という物質的・経済的な面も当然ともないますが、それと同時に院生についての捉え方を転換させるような象徴的な意味合いも込めています。

あと、個人的な思いとしては、この象徴闘争に勝てなければ、今後も院生は高学費にあえぎ、アルバイト生活を余儀なくされ、経済支援という建前のもと、TA（ティーチング・アシスタント）、RA（寮長のアシスタント）といった賃労働で搾取され続けるだろうなとおもっています。

▼栗原　院生が賃金労働をしていて搾取されているっていうのは、ほんとにそうですよね。実際、TAって、時給が1000円とか1200円とかじゃないですか。それでけっこうなことをやらされますよね。ひとによっては、大学教員の膨大な事務を手伝

ったりする。

ぼくもいちどだけTAをやったことがあって、仕事はものすごくかんたんで、学部の授業の出席カード配りとかプリント刷りとかだったんですけど、時給がとにかく低い。ぼくの場合、家が都心からすごく遠いので、電車賃が往復1500円くらいかかるんですよ。バイトにいくと、お金が減っていくみたいな。たぶん、他の院生って、もっと面倒なことをやらされているとおもうんですけど、学会の事務とか、そういうのって全部、大学教授がやればいいのにっておもいますよね。

▼**秋山**　たしかにそうですよね。あと、さきほどの話の流れで、大学のなかでの学部生の位置づけも重要だとおもいます。院生だけでなく学部生だっていろんなことを学んで、これから社会に出ていく人もいるだろうし、そもそも大学のなかでもいろんな議論をして知的なものを生みだしているかもしれないのに、なぜ学費をはらうのか、という点に疑問がわきますね。

その背景には、大学というのを授業の枠内、与えられた授業のなかでしか評価できない、ということがあるとおもいます。授業以外で起こっていることは、サークルにしても研究会や読書会にしても、カウントできない、評価できないからだめだという。院生の場合は、業績については一方的にカウントされるんだけれども、その活動自体への評価は全然されていません。

だからこそ、自分たちがやっていることをきちんと認めさせるという意味で、院生の研究活動に給料を支払わせる意義は大きいでしょう。ただ、学部生については別のロジック、教育の機会均等のための学費無償化とか、「学生に賃金を」といったロジックが必要でしょうね。

▼**栗原**　立ち位置として、院生はちょうど教員と学部生の真ん中にいるので、そういう意味ではそこにお金を出せっていうのは象徴的な意味をもつかもしれないですね。

ただ、ロジックというか、やっていること自体は、学部生から給料もらっている専任の教員まで、あまり変わらないとおもうんですよね。本読んだり調べごとをしたり、勉強会をやったりして、自分たちのアイデアを表現するだけなので。そういうところに、賃金をもらえるひとと、「消費」しているからといってお金をとられるひとの線引きがされている。だけど、みんな知的生産をやっているっていうのを言っていく必要があるとおもうんですよね。

▼秋山　同感です。これまでは問題をはっきりさせるために院生だけに特化して話を進めましたが、実際には、学部生や院生と教員って、ゆるやかな差しかないとおもいますね。たしかに、両者の関係は、一面では制度的にはっきりと分けられていて、権力関係やアカデミックな面での資本の所有関係もふくめて固定化されてしまっています。しかし、院生も学部生も大学のなかで議論したり、研究をして知的なものを生産し、それを周囲に伝え、表現していることからすれば、そこにはゆるやかな差しかない。

こう主張することは、正規教員をバッシングするということではなくて、大学のなかではある種、知的なものへのかかわり方を基準とした取り替え可能性がある、ということを言いたいのです。

▼栗原　そういう境界線って、ないほうが面白い発想とかでてくるはずなんですよね。学生がどういうかたちで面白いものを発見していくかっていうと、あまり授業にはでないかもしれないけど、教員や友達の話を聞いて、これ面白そうだとおもった本があったら、それを読んでみて勉強会やったりする。たぶん専任の教員にとっても、ふだん忙しくて外部とふれあう機会がないから、学生とか院生とふれあわなければ、新しいアイデアがはいってくることってすくないとおもうんですよね。

▼秋山　何度も都立大のことをもちだして恐縮ですが、都立大には以前、働きながら大学に通う人たちの夜間のコースがありました。教員も、そこで勉強している人たちの質問は「現実に肉薄していて鋭かった」というようなことを言ってたんですね。そこでは、学生と教員との距離がちかくて、違うとおもったことにかんしては教員にたいしても厳しく批判をするような雰囲気がありました。そのなかで、教員も鍛えられるし、学生もいろいろなものを発見していくということが、授業という形式の枠内でもあったのではないかとおもいます。

▼栗原　「学生に賃金を」と言ったときに、現実的には学費を無償にしたり、奨学金を給付にしたり、学生にたいする他の生活保障のあり方を考えること

になるとおもうんですけど、この言葉って、これまで話してきたことをポジティブに押しだしていくっていう意味合いがありますよね。ひとつは、学部生も院生も知的なものをつくっていると考えることで、知的生産の主体とおもえるようになるし、もうひとつは物質的な意味でも、お金の問題にせまられてバイトとかしなくてもいい、経済的な束縛から切りはなされて、ものを考える余裕がうまれる。

▼**秋山**　そう考えると、授業料引き下げや給付制奨学金設置の主張は、どうしても現状に対して受け身のような気がしますね。どちらかというと、この主張は、これまで奪われてきたものを奪い返すという意味合いが強い。

そうではなくて、「学生に賃金を」っていう主張は、自分たちのやっていること、自分たちの存在を認めさせるという意味合いをもっていて、非常に前向きなものだとおもいます。

▼**栗原**　ある友人が言ってたんですけど、大学って学生が100人いたら、100の考えとか欲望みたいなものがあって、それをそのまま剥きだしに表現できる、そういう自由みたいなものを保障する空間だとおもうんですよね。「学生に賃金を」っていうのは、それをもっと積極的にあらわすというか。

▼**秋山**　さきほどふれた競争化や評価といった原理は、さまざまな知的なものをある一つの、もしくは限定された基準を設けてはかるものですよね。その基準として効率性、有用性や卓越性（エクセレンス）といったものがあるとおもいますが、そういったものに対抗していく原理が、大学がもともともっていた自由な雰囲気なのではないかとおもいますね。

わたしは、その雰囲気が大学の場としての面白さや可能性とつながっていると感じていて、そこに固執している部分はあります。わたし自身、研究の還元のしかたも含め、制度としての大学にそこまでこだわってはいませんが、人びとが集う場としての大学には固執したいし、まずその場で面白さやある種の自由さをちゃんと確保しないと、それ以外のところで自由を確保できない、とさえおもっています。

▼**栗原**　評価のことなんですけど、いまって遊びがないじゃないですか。早く論文書け、手に職をつけろみたいな。業績を競っていがみあい、せっかく他人と自由にものを考える時間と場所があるのに、そ

れが失われてしまう。それで専任のポストがあったとしても、すごく忙しくなってしまって、またなにもできない。週に授業が10コマで、プラス事務とか。

正直、お金はほしいけど、ぼくらそんなにポストがほしいわけではないんですよね。率直に言って、ぼくらがほしいのはお金だけです。評価や選別をされずに生活が保障されるしくみ。**ほんとうは日本学術振興会とかが、院生全員を研究員にしちゃえばいいだけ**だとおもうんですけどね。

▼秋山　**「学生に賃金を」、もしくは「院生に給料を」という主張は、ある意味「大学に自由を」という主張でもあるんです。**大学っていう場に固執しながらこういう取り組みをやっているのは、大学を自分がほんとうに働きたい場、自分の研究を自由にやって、発表していくひとつの場にしていきたいからなんですよね。いまのような、「3年、5年でさっさと出ろ。だけど、その先は知りませんよ」っていう冷たいところにはいたくない。だから、院生という立場から「いまのままの大学でほんとにいいんですか⁉」って問題提起をしているところはありますね。

これは非常勤講師の人たちもおそらくおなじだとおもいますけど、院生は、そういう問題を専任教員とは違うかたちで提起していけるとおもいます。この対談が、院生問題だけでなく、そういった「大学とはどのような場か」というそもそもの部分についても議論するきっかけになればいいですね。

【注】

＊1……全院協（全国大学院生協議会）は、大学院生の自治組織の全国的な連合体。大学院生の社会・経済的地位の向上を目的として活動しており、毎年全国規模のアンケート調査を実施し、その結果をもとに関連省庁および国会議員への政策提言を行なっている。アンケート結果や取り組みの詳細はHP（http://www.geocities.co.jp/CollegeLife-Cafe/8324/）を参照のこと。

＊2……2009年6月から行なわれた全院協の最新のアンケート調査結果では、「奨学金を申請しなかった」と回答した者のほぼ4人に1人にあたる26・5％（185名中49人）が、その理由として「返済に不安があるから」と回答している。この割合は昨年の調査結果の21・8％から5ポイント近く上昇している。

＊3……小林雅之『進学格差——深刻化する教育費負担』ちくま新書、2008年。

＊4……全院協の2009年の最新データでは、研究・生活および将来の懸念材料として、回答者全体（616名）の71・9％が「就職不安」、67・6％が「経済上の不安」を挙げている。また、研究テーマの設定の際に外部資金や就職のことを考慮に入れている人は、回答者の31％にもおよんでいる。

❖あきやま・みちひろ　1983年生まれ。現在、沖縄国際大学非常勤講師。専攻は社会学、沖縄戦後史。共著書に『図説 経済の論点』（旬報社、2014年）、論文に「日本復帰前後における島ぐるみの運動の模索と限界――尖閣列島の資源開発をめぐる運動がめざしたもの」（『一橋社会科学』第4巻、2012年）など。2008～10年、一橋大学大学院在籍中、全国大学院生協議会の役員を務めた。

補論2　論考

大学賭博論――債務奴隷化かベーシックインカムか

100年くらいまえに、大杉栄《おおすぎさかえ》というアナキストが「賭博本能論」というエッセイを書いた。内容はタイトルのとおりで、人間や動物の本能には、賭博の心理があると論じられている。なかでも、おもしろいのはカンボジアの猿のエピソードだ。

一匹の鰐がからだを水中に埋めて、大きな口をあけて、そのあたりを過ぎる餌食をつかまえようとしている。それをひとむれの猿が見つけて、しばらく何か協議していたようであったが、やがてだんだんと鰐のそばへ近づいて行って、かわるがわる役者になったり見物になったりして、その遊戯を始めた。一番はしっこそうな、一番大胆らしい奴が、枝から枝を伝って、鰐のとどきそうなところまで行って、手足で枝にぶら下がって、そしてそのお得意のはしっこさで、からだを前へやったり後へひっこめたりして、時としては手を延ばして鰐の頭を打ち、時としてはただ打つまねをしている。

ほかの奴等も、この遊びを面白がって、その仲間入りをしようとしたが、ほかの枝があまりたかすぎるので、大勢で手足でつかまり合って、一連の鎖をつくって、そしてぶら下がって、鰐に一番近い奴が、ありたけのわざを尽くして、鰐をからかう。時々あの恐ろしい顎が閉じる。けれども大胆な猿は容易につかまらない。すると猿どもは躍り上がって歓呼する。しかし時には、この軽業師も、螺盤のような大きな顎の中に手足をはさまれて、瞬く間に水の中へ引きこまれてしまう。さすがの猿どもも、恐れ慄《おのの》いて、泣き叫びながら、散り散りに遁《に》げて行く。しかしこれにも懲りずに、数日後、もしくは数時間後には、また同じこの遊戯をやりに集まって来る[1]。

目のまえに、大きな口をひろげたワニがいる。とても危険だ。だが、じっと見ていると、なんだかそのうえを飛びたくなってくる。いちど飛ぶのに成功すれば、もううれしくてたまらない。またその喜びをあじわいたくて、なんどもおなじことをくりかえしてしまう。もちろん、ワニをやりこめることが目的だったわけではない。むしろ、ワニのうえを飛ぶこと自体が目的であった。大きな障害をのりこえて、自分の力能のたかまりをかんじとること、自分の生の偉大さをたしかめること、なにものにも屈しない自律した生のあり方を誇示すること。自分の生のかけがえのなさを実感することが目的なのであった。

さて、唐突に「賭博本能論」をとりあげたのは、最近、ある友人がなんども『カイジ』という漫画の話をしていたからだ。漫画の主人公・カイジは、多額の借金を背負い、闇金から鬼のようなとりたてをうける。そして、もはやどうしようもないというほど追いつめられたとき、カイジはドツボにはまったかのような行動をとりはじめる。あやしい賭博に身を投じ、借金の一括返済をはかったのである。合法的な手段をつうじて、不当な利息分を減額させるとか、自己破産をするとか、働いて返そうとか、そういう発想はいっさいでてこない。あくまで、賭博なのである。漫画の内容はだいたいこんなところなのだが、友人はこの話をしたうえで、わたしたちがカイジに似ている

♠ ♠ ♠ ♠ ♠

1　大杉栄「賭博本能論」、『大杉栄全集　第2巻』現代思潮社、1964年、78－79頁。

といっていた。わたしの身近にいる友人たちは、そのおおくが大学学部生か院生のころに多額の奨学金を借りている。額のおおいひとでいえば、20代後半で1000万円ちかくの借金だ。正直、返せる気がしない。だから、ほとんどの友人が奨学金は返さなくてもいいとおもうようになっている。借金の返済努力といえば、集会とデモ。とりあえず、学費無償化と借金帳消しを訴えてみる。ある意味で、一括返済か返さないかだ。カイジの話をしていた友人は、わたしたちのこうした状況をみて、賭博みたいだといっていたのである。

しかし、よく考えてみると、奨学金を返すかどうかは別として、**学生はみんな賭博をしている**ということができる。たいてい、大学に進学するには、授業料だけでも年間100万円ちかくが必要となる。むろん、入学したところで、大学でなにが身につくのか、それがどう役立つのかはわからない。それでも行ってみたいとおもう。たとえば、ある友人は大学院の試験に合格したものの、入学金の工面に苦労していた。結局、どうしたのかというと、地元の友人が労災にあったため、会社からおりたそのお金を借りてきたという。大丈夫なのかとおもって聞いてみると、「奨学金で返すから平気ですよ」といって笑っていた。どう考えても賭博である。しかも、これは一部のひとだけがやっていることではない。日本の大学進学率はおよそ5割である。それだけのひとがいっせいに賭博をやっている。いったどういうことなのか。なぜ、そこまでして大学に行きたいのか。おそらく、「賭博本能」としかいいようのないものがそこにはある。もうすこし、ふみこんで検討してみよう。

♠自己啓発としての大学

賭博という観点から大学をみたとき、大きくいって二つの大学像がうかびあがってくる。ひとつは、予測可能な見返りのある大学、もうひとつは、予測のできない知性の爆発としての大学、この二つである。まず、ひとつ目からみてみよう。一般に、大学は自分の将来のための投資であるといわれている。レベルのたかい大学に進学し、給料や社会的地位のたかい仕事につく。大学は出世して楽な暮らしをするためのパスポートであり、就職のスキルを身につけるための就職予備校である。大学進学は良い就職先をみつけられるかどうかの賭けであり、それいかんで勝ち負けが決まる。授業料は就職の賭け金としてはらうのであり、将来、その賭け金よりもたくさん稼ぐことができれば勝ちということになる。だから、日本のように授業料がたかいところでは、学生は賭け分をとりもどそうと必死である。授業料をはらうために、奨学金でも借りていればなおさらだ。借金のリスクを背負いながら、学生はただひたすら賭けごとにのめりこむ。

こんにち、大学はこうした学生の欲求にこたえるためとして、就職活動のための授業カリキュラムを組むようになっている。教育内容として重視されるのは、「コミュニケーション能力」「情報処理能力」「シンボル生産能力」「問題解決能力」「自己管理能力」「生涯学習能力」、等々。具体的には、実用英語、コンピュータ操作、キャリアプランニング、インターンシップなどのことであるが、ようするに、人間の自律性や倫理的態度が教育対象となったのである。どんな不安定な環境にさらされても、自分をそこに適応させ、自分のもっているあらゆる知識を活かして問題解決をはかること。主体性や創造性、自己責任の倫理を身につけること。しかもそれを生涯、鍛えつづけること。大学はそうしたことを教えこむ就職予備校なのである。

ちなみに、教育内容がこういったものになったのは、資本主義が認知資本主義の段階にはいったからである。認知資本とは、人間の認知能力のことであり、知識や情報、情動、サービス、コミュニケーションなどのことである。身体のふるまいもイメージのひとつだと考えれば、およそ人間の生そのものが認知資本だということができる。それはいまや資本主義をうごかす原動力であり、利潤をもたらす最たる商品である。当然ながら、工業化の時代とくらべると、労働者にもとめられる能力はかわってきている。昔の工場では、労働者は経営者の命令にしたがって、ただ身体をうごかせばよかったが、いまの企業では、知識や情報があつかわれるため、労働者はいつも自分でものを考えられなくてはいけない。大切なのは認知能力。企業はそこに尺度をもうけ、利潤をもたらすかどうかのふるいわけをしている。

自分の生はどうあるべきなのか。自分の個性はなんなのだろうか。正しい人間関係とはどういうものなのか。正直、そんな問いにこたえはないし、よく考えてみれば好きにやればいいだけのことだ。だが、大学の授業や就職面接ではこたえがあるといわれるわけだし、良い就職先をみつけるためには、とにかく自分を磨かなくてはならない。まるで宗教にでもはまったかのように、自己啓発に駆りたてられ、「もっともっと」と正しい自分を探しもとめる。実のところ、この自分探しに終わりはなく、就職したらまたキャリアアップのための自己鍛練を強いられる。最近、翻訳された『来たるべき蜂起』という本では、こうした現状が皮肉たっぷりで次のように述べられている。

就職面接の受けを良くしようと笑顔の練習にはげみ、すこしでも昇級しようと歯をホワイトニングする。団体精神を培うためにディスコに通い、英語を習ってキャリアアップを図り、新たな一歩を踏み出すために結婚や離婚をするといったあの光景である。果てはリーダーになるために演劇セミナーを受講し、うまく「葛藤に対処する」ために「自己啓発」セミナーに通いはじめる。どこにでもいそうな導師の一人は次のように言う、「心の奥底での『自己啓発』は感情を安定させ、くつろいだ人間関係へと解き放ち、バランスのとれた知性を研ぎ澄ましてくれます。つまり経済的パフォーマンスをたかめることへとわたしたちを導いてくれるのです」。このひしめき合う小群衆は、ナチュラルに見えることを目指して練習に励みながら、選抜・抜擢されることを待ち侘びているが、彼らが与しているのは、動員（モビリザシオン）という倫理により労働秩序を救済する企図にほかならない[2]。

これはフランスで書かれた文章だが、おどろくほど日本にもあてはまる。就職活動のためにリクルートスーツを購入し、TOEICやプレゼンテーション、ディスカッションのトレーニングにはげみ、エントリーシートの書き方を洗練させる。面接官にこころないことをいわれ、不採用にでもなれば、なにが足りなかったのかとおもいなやみ、本屋で自己啓発本を手にとりはじめる。就職してからもおなじことだ。たかい地位にたつためには、きちんと自己管理をして、たえず自分をリニューアルさせていかなくてはならない。英語や資格を身につけるために学校にかよい、自分の生活を律するために、しきりに健康に気をつかう。スポーツジムにかよい、自然食品を買い、エコライフを満喫する。婚活だって自己啓発のひとつである。人間の生が、労働の秩序に動員されている。というか、**生きることそのものが認知資本**なのであり、わたしたちはたえず自己啓発という労働をさせられている。

　こうした自己啓発を宗教になぞらえてもいいかもしれないが、どちらかというと大学にたとえたほうが正確である。**社会人になっても、わたしたちがもとめられているのは学生であることだ**。「正しい自分」になる。そんなまやかしのために、わたしたちは大金を賭けて授業をうける。高収入の仕事につけば成功であるが、しかしいちど成功しても、また大金をはたいて、「より正しい自分」になろうとしなければ、結局、失敗になってしまう。そうしなければ、たかい地位につくことができないどころか、いまの地位もキープできないからだ。大学の授業料。それはひとを自己啓発へといざなう導き糸である。そして、授業料をひきあげ、その分、学生に多額の奨学金を貸しつ

♠ ♠ ♠ ♠ ♠

2　不可視委員会『来たるべき蜂起』、『来たるべき蜂起』翻訳委員会訳、彩流社、２０１０年、41－42頁。

けることは、この糸の張力を決定的なものにすることを意味していた。たとえば、日本学生支援機構は奨学金の返還催促を強化するときに、しきりに「教育的配慮」を主張していたが、ここでいう教育とは、自分の借金を自分で返済させ、リスクの自己管理を学習させるということであった。いちど借金をすると、学生は自分の未来を完全にコントロールされてしまう。自己啓発をして良い仕事をみつけ、働いて返すこと。大学という賭けは、学生を債務奴隷化し、その未来を自己啓発へといざなっていく。

♠知性の爆発

しかし、大学にはもっとわけのわからない魅力がある。正直、なんの見返りもないとわかっているのに、なぜか夢中になってしまうサークル活動。4年間、部室で無為に時間をすごし、だらだらと酒を飲んだり、恋愛にのめりこんだり、映画や音楽や読書にふけったり、あやしい政治活動に没頭したりする。数百万円の授業料を支払い、学生によっては借金漬けになっているのに、賭け金をとりもどそうともしないし、ろくに就職活動もしない。就職＝成功という観点からすれば、あまりにリスクが大きいし、時間がとまっているようにかんじられることだろう。だが、このとまった時間から、自己啓発とはまったく無縁なもうひとつの賭博がはじまっている。自分のやりたいことを納得がいくまでゆっくりと考え、それを自分の好きなときに好きなように表現したり、しなかったりする。自分が自分の主人であること、自分の生のかけがえのなさをかんじること。いちどでもこの感覚をあじわえば、だれもがとりこになり、なんどでもそれをあじわいたくなってしまう。ワニを目の前にした猿だ。しかも、それが4年間もつづくのである。借金しようとなにしようと、行ってみたいとおもうだろう。また、大学に行ったことのある親であれば、どうしても子どもにおなじ経験をさせてやりたいとおもうにちがいない。

もちろん、それを教育とよぶのかと疑問におもうひともいるかもしれない。だが、現代のアナキストである矢部《やぶ》史郎氏によれば、上記のような賭博の経験は、むしろ教育の醍醐味というべきものである。最近の著作のなかで、かれは１９３０年代の北方教育運動を紹介しながら、大学をふくめた教育の意義についてひじょうに示唆に富んだことをいっている。北方教育運動というのは、東北地方の小学校を中心に展開され、政府の欧化主義的な教育政策を批判して、農村の生活実態に即した教育を実践した運動である。すこし、矢部氏の文章を引用してみよう。

言葉を正しく書けないことなどたいした問題ではない。問題は、欧化主義によって農民の子供が萎縮し自信を喪失していること、また、欧化主義に過剰適応して、空疎で観念的な言葉をいいわけのように綴ることである。都会の人間に認めてもらえるような綺麗な言葉を綴ることが、教育の目標なのではない。そうではなくて、子供が自分自身の生活を綴り、環境を知覚し、思考と情感を自らのものにすることである。

この教育実践は、農民の子供を都会のプチブルジョアジーへと出世させるための教育ではない。北方教育の洗礼を受けた農民の子供たちは、ただの農民になっていく。ある見方からすれば、北方教育は目的を欠いているように見えるかもしれない。北方教育は自律的で、閉じている。列島の大規模な都市化を通じて、政治経済的な開放にさらされていく環境のなかで、農村の固有の領域に閉じること、自律することが、子供たちのいきいきとした知性を爆発させる。この自律の獲得こそが、教育の真髄であるだろう。開放に抗して、閉じる。閉じて、爆発させる。この思考の内燃機関が、生活者に新たな動力を与える[3]。

♠ ♠ ♠ ♠ ♠

教育の目的は、子供を出世させることではなかった。都会のプチブルになるために、「正しい言葉」がおしえら

3　矢部史郎『原子力都市』以文社、２０１０年、１８０‐１８２頁。

れる。それは「正しい」かもしれないが、けっして自分の言葉ではない。農村の子どもが自分の生活を自分なりに語れるようにすること、自分のおもったことや自分のかんじたことを自分のものにすること。ようするに、子どもの自律性を育むことが、教育の目的であった。都会の教育からいったん離れて、農村に閉じこもり、子どもたちに自分たちの生活をゆっくりと観察させてみる。すると、各人各様の言葉がいっせいにあふれだし、閉じこもったその場所から、子どもたちの知性が爆発しはじめる。自分の言葉を自分で綴る。これが北方教育運動の核心であった。

実のところ、大学にもまったくおなじことがいえる。就職にむかっていく時間の流れをいったん遮断して、閉じこもって自分の生きかたを自分で決めようとすること。あるいは、それをさまざまなスタイルで表現すること。北方教育運動とおなじように、大学は学生の自律性を育むところなのであった。おそらく、このことを文字どおりの意味で実践し、学生にとって大学とはなんなのかを体現してみせたのが、1960年代末の大学ストライキだろう。このころ、全共闘をなのる学生たちが、全国各地で大学をバリケード封鎖し、授業をとめて大学にたてこもっていた。よくいわれることであるが、学生にとってバリケードとは自分の未来をさえぎりたいというおもいの象徴であった。自分の意志とは関係なく、就職へとはこばれていく時間の流れ。ほんのすこしでもいいからそれをとめ、自分の人生を自分で選びなおしたい。いわば、大学ストライキは時間をストライキするこころみだったのである。

そして、バリケードで閉じられた空間から、学生自身の無数の言葉があふれだした。学生にとって、問題だったのは自分の人生が勝手に決められていることであった。ごくかぎられた人間が「正しい言葉」、つまり知識や情報をにぎっていて、他の人びとはしらずしらずのうちにそれに従わされている。大学でいえば、教員と学生の区分がそれにあたり、学生は一方的に情報伝達される受動的な存在であった。だが、そこに突如としてバリケード封鎖された解放区が出現する。学生からすれば、自分の言葉を紡ぎださない手はないだろう。手書きのきたないビラを1

00枚でも1000枚でも撒きまくり、立看板でキャンパスを埋め尽くし、色とりどりのヘルメットをかぶり、覆面をし、トラメガで絶叫する。あるいは、校舎のいたるところに落書きをし、ステッカーやポスターをビタビタと貼ってみる。文章にかぎらず、学生たちはさまざまな手段を講じて、自分たちのメッセージを自分たちで表現した。

落書きは、いつでも、何処でも、誰にでもできる、数少ない〝表現〟のひとつだ。誰でも、ある表情をつくったり、しゃべったりすることはできるし、事実そうしながら生活しているわけだが、それらはみな、どれも瞬間的な表現方法であり、目に見える形としては残らない。圧倒的多数の生活者たちは、このように、目に見えない、触れない表現を積み重ねていってその一生を終える。小説を書いたり、絵を描いたりする行為は、依然、限られた少数者の特権の中に閉じ込められている。それらの、目に見える様々な形での表現が本当に解放されるには、まだまだ気の遠くなるような時間がかかるだろう。

しかし、市井の隠れた生活者たちが、目に見える表現者に発展していく糸口はいくつもある。〝落書き〟も、そんな糸口のひとつなのではあるまいか。

落書きの便利なところは、その神出鬼没性と匿名性にある。大した道具もいらず、いつ何処にでも描き込めるし、署名を残して責任を取る必要もない。そして一旦それが描き込まれれば、誰かの手によって消されるまで永遠に自力でメッセージを流しつづける。この無責任さと便利さが、タダの人をして一人の表現者に発展させる大きなきっかけをつくるというわけだ[4]。

♠ ♠ ♠ ♠ ♠

1968年当時、武蔵野美術大学にいた戸井十月《といじゅうがつ》は、10年後になって自分がやっていたことをこんなふうにふ

4 戸井十月『旗とポスター』晶文社、1978年、43-44頁。

りかえっている。かれの落書き論は、学生たちの表現にたいするおもいを端的にものがたっている。通常、芸術を創造する力は、ほんのひとにぎりの特権者に独占されている。だが、ふだんは読者や観客である自分たちだって表現はしたい。その点、落書きは、いつでもどこでもだれでもできる便利な表現手段である。しかも、匿名性が担保されるため、好き勝手に描くことができるし、できあがった作品をだれかが独占するということもありえない。落書きの意図は、集団的表現を創造することであり、学生が自分たちの表現を自分たちのものにするということであった。

1960年代末の大学ストライキが集中的に示していたのは、大学が学生のいきいきとした知性を爆発させる場所だということであった。大学に行っても、はじめからどんな見返りがあるのかはわからない。だが、当初は他人の言葉に従っていただけの学生が表現者となり、表現すればするほどその力能をたかめていく。自分の生を尊厳あるものへと変形させていくこと。学生が夢中になって自分を賭けたのは、この感覚をあじわうためであった。そして、こう考えてみると、大学という賭けに負けはない。そもそも、賭けのルールは自分が決めるものだし、表現することと、賭けをすることと自体が目的なのだった。しかし、ここまでくると、ひとつの疑問がわいてくる。なぜ、毎回のように賭けに勝っているのに、金をもらうどころか支払わされているのか。わたしたちは自分の賭けに金を要求してもいいのではないだろうか。

「**学生に賃金を**」。日本では近年まで顧みられなかったが、1960年代末、ヨーロッパではこの言葉が学生運動のスローガンになった。賭けのとりぶんを賃金というかたちで要求したのである。考えてみればあたりまえのことだ。大学では、教員ばかりでなく学生も表現者なのだから、その知的生産に賃金がでるのはとうぜんのことである。逆にいえば、学生賃金というのは、学生が表現者であることの証であった。もちろん、この賃金要求がそのまま実行されたわけではない。だが、その後、すくなくともヨーロッパで普及することになった授業料無償化と給付型奨学金が、学生賃金の具体化のひとつであることはまちがいない。賃金というと、いかにも働かされているようでむずがゆいが、大学という賭けで金銭を支払われるのは、そうおかしいことではなくなっている。

♠知的博徒のヒューマンストライキ

なるほど。おそらく90年代以降の一連の大学改革には二つのプロセスが進行している。ひとつは大学を社会化するというもの。ネオリベラル社会だから、大学もネオリベ社会化するという。これが産学協同とか民営化とか呼ばれたものだった。ただし、今後はもうひとつのプロセスのほうが顕在化してくるのではないか。すなわち、社会を大学化するというプロセスである。ネグリは労働の女性化というが、労働者が学生のようになっていく、ともいえるはずだ。自分の周囲を見てみよう。まともな労働者なんてほとんどいない。変な労働者ばっかりだ。おそらく、彼ら彼女らは学生へと生成変化しつつあるのである。

給料は奨学金のようになっていくだろう。つまり申請して給料を受け取る。そのあと労働する。労働時間なんてもう意味ない。じっさい、フランスの物書きは申請して金をもらってから本を書いているし、生活保護だって申請して金もらってから生活する。でも、日本の奨学金とおなじで、どうせ審査がうざいはずだ。でもそうなればベーシックインカムまであとすこしかもしれない。ベーシックインカムよこせ！　奨学金（くれるやつ）よこせ！[5]

♠♠♠♠♠

5　ブログ「大学生詩を撒く」（http://daigakuseishiwomaku.blogspot.com/2010/02/blog-post.html）、２０１０年2月7日。

これは「大学生詩を撒く」というブログの引用である。このブログでは、今後の社会をうらなうひじょうに重要な概念が提起されている。**社会の大学化**。**労働の学生化**といいかえてもいいかもしれない。ようするに、社会が大学になるといわれているのである。先述した認知資本主義という視点をいれてみれば、そう唐突な話ではないだろう。すくなくとも、ヨーロッパの大学では、学生の知的生産に給付型奨学金という賃金がでている。これにたいして、認知資本主義では、すべての労働者がなんらかのかたちで知的生産をおこなっており、学生とまったくおなじように自己を磨きつづけている。たとえ失業中だったとしても、就職活動中の学生とおなじだということができるし、そもそも私生活で頭をつかっていないひとなんていない。それならば、社会全体の賃金モデルを大学とおなじにしてしまってもいいのではないだろうか。仕事があろうとなかろうと、学生にきちんと奨学金を支払うこと。その無条件性を徹底的なものにしていくこと。もしかしたら、**ベーシックインカムは大学の奨学金制度をおしひろげていった結果として生じるのかもしれない**。

しかし、さすがのヨーロッパでもそうやすやすとベーシックインカムは実現されない。賃金モデルになるべき大学にしても、近年では反動的な制度改革のほうがめだってきている。10年まえからすすめられてきたボローニャプロセス。これはEU圏内で大学教育の統一基準をつくり、ヨーロッパの大学をグローバリゼーションに適合させようというプロセスである。このプロセスがすすめばすすむほど、ヨーロッパの大学が市場化されていってしまう。また、ボローニャプロセスと並行して、授業料徴収をする大学が増えはじめているのもたしかだ。日本からすればたいした額ではないし、実質無償にみえるところもすくなくないのだが、たとえばフランスでも年間数万円の授業料をとり、その値上げをはかる大学がポツポツとあらわれている。

もちろん、ヨーロッパの学生と教員はこれに黙っていなかった。２００８年にはイタリアでベルルスコーニ首相

（当時）の教育改革に反対する大学ストライキがおこったし、翌年にはフランスで無期限の全学ストライキ、その後もヨーロッパ全土でたてつづけに大学ストライキがおこった。だが、こうした強力な反対にもかかわらず、いまだに大学の市場化への動きはとまっていない。また、ひとたび日本に目をむけかえすと、おもいきり絶望的な気持ちになってくる。大学はかんぜんに就職予備校になっているし、たかい授業料は下がる気配すらしてこない。奨学金にしても、そもそも給付型が存在せず、貸与型、はっきりといえば借金しか存在しない。そして、学生を債務奴隷化し、その人生を自己啓発に括りつけている。もしかしたら、それはいまヨーロッパでおこっていることの先駆けであったといえるかもしれない。しかし、それをつづけた結果はみえている。

「私」でありたいと望むほど、空しさはつのるばかりだ。自分を表現するほど自分は枯渇していく。自分自身を追い求めれば追い求めるほど疲労する。わたしやきみやわれわれは、この「私」を耐えがたい窓口のようなものだとおもっている。われわれは、自分自身のセールスマンとなってしまったのだ。〔…〕いたるところで「何者かであれ」という命令が叫ばれる。その命令が維持するのは、この社会を不可避のものとする病的な状態である。強くあれという命令によって弱さが生み出され、弱さが生み出されることで、強くあれという命令が維持されていく。それゆえ、働くことはもちろん愛することとさえも、**すべてがセラピー的な様相を見せているほど**である[6]。

♠ ♠ ♠ ♠ ♠

大学や自己啓発セミナーで、もっと「強い自分」でありなさいと命令される。だが、実のところ、「弱い自分」

6　前掲『来たるべき蜂起』15－16頁。

はこの命令によってはじめてうまれる。だから正直、自己啓発に終わりはない。自分を表現し、自分を探しもとめればもとめるほど、自分を見失い、疲れはててしまう。結末はあきらかだ。うつ病になるか、自殺をするか。実際、日本では年間3万人をこえる自殺者がでている。きびしい。そこまでいくまえに、もうすこしなんとかしなくてはいけない。どうしたらいいのか。

ヒューマンストライキは、労働と生の境界がぼやける時代に応答するものである。そのような時代においては、消費することも生き残りをかけることも「破壊分子的テキスト」を生み出し産業文明のもっとも有害な影響を飾り立てることもスポーツをすることも、セックスをすることも、親になることも、プロザック〔悪名高い抗うつ剤〕に依存することもすべてが労働である。なぜなら帝国は生きとし生けるものすべてを管理し、消化し、飲み込み、回復させるからである。〔…〕帝国に対抗させるべきはヒューマンストライキである。ヒューマンストライキが生産関係を攻撃する際には同時に必ずそれを支える情動関係をも攻撃する。そしてそれは恥ずべきリビドー経済の土台を蝕み無力化された身体間の接触が行われるたびに抑圧される倫理的要素（つまり「いかに」という問い）を復元する[7]。

ヒューマンストライキ。それは人間の生にとって、より直接的なストライキである。認知資本主義が、人間の認知能力、もっといえば生そのものをコントロールし、利潤に変えてなりたっているのだとしたら、それをとめること。かつて、工場ではストライキをおこなうのに機械の歯車をとめればよかったが、認知資本主義では人間の生の

♠　♠　♠　♠　♠

7　Tiqqun「どうしたらいいか?」、『VOL 04』以文社、2010年、259-260頁。

歯車をとめなくてはならない。おそらく、いまやるとしたらそういうことだろう。大学についていえば、わかりやすいのは大学ストライキを決行することだ。それは文字どおり認知資本をマヒさせることを意味している。だが、人間の生が千差万別だとしたら、それをとめるやりかただってもっとたくさんあるはずだ。すでに実行されているものだけでも枚挙にいとまがない。就職活動にケチをつけること。大学をクビにされてもそのまま構内に居座ること。奨学金をみんなで返さないこと。というか、奨学金はもらえるものだとおもいこんでしまうこと。ようするに、自分の生が資本にコントロールされるのを拒絶すること、逆に、資本に不良商品として捨てられても居直ること。たぶん、考えればもっと姑息な手段がいくらでもあるはずだ。そして、**自己啓発としての大学を捨てたとき、そのひとは自分の身を賭して、知性の爆発としての大学を思考しはじめる。**勝利しかない賭博としての大学。ヒューマンストライキは、債務奴隷化の流れを断ち切って、ベーシックインカムを前提とした実りある生をうみだしていく。

♠
♠
♠

債務奴隷化かベーシックインカムか。ふだん、わたしたちは負債をおうのは悪いことだと教えこまれている。個人レベルでも、国家のレベルでもそうだ。他人に借りがあったら、それはきちんと返さなくてはいけないといわれている。だから、人間はいちど大きな借金を背負ってしまうと、だいたいその未来を一定の方向にコントロールされてしまう。きちんと金を返済するか、あるいはそのための望ましい行動をとるかである。金を返すための救済プログラム。はじめから決められたそのレールにのって、せっせと働くことになる。だが、本当のところ、負債をおうということは倫理的に悪いことでもなんでもない。そもそも、人間の信頼関係は負債によってなりたっている。たとえば、助け合いは貸し借りをうんでいるが、そこに返済など不要である。むしろ、螺旋状にふくらんでいくその負債こそが、かけがえのない信頼関係の土台だといえる。だから、本当に困ったときは、なんの気がねもなくただ助けてもらえばいい。金をうけとったうえで、好きなことを好きにやればいいのだ。支配関係のない自律した生を実感すること。ベーシックインカムの意味は、きっとそういうところにあるのだろう。

大学には、二つの道がある。ひとつは債務奴隷化、もうひとつはベーシックインカムである。債務奴隷化の道をえらんだとき、学生は永続的な自己啓発に駆りたてられる。大金を賭け、借金の額がおおければおおいほど、そのひとは賭け金以上のものを得ようと、就職活動やキャリアアップに必死になる。だがもう一方で、大学にはベーシックインカムを前提とした賭けの道もある。この賭けに負けはない。自分の身を賭して、好きなことを好きなように表現してみること。自分がただ生きているのではなく、自分の意志で生きているとかんじること。自分の生のかけがえのなさを確信すること。ある意味、賭けた時点で勝っている。だから、最初に紹介した「賭博本能論」の猿とおなじように、学生はたとえ眼前に危険があったとしても、自分の身を賭けるのをやめたりはしない。そこには抑えがたいほどの喜びがあるからだ。そして、この賭けをくりかえしているうちに、学生は自分の借金の存在を忘れていく。むしろ、なぜ賭けに勝っているのに、金がもらえないのかと不思議におもえてくる。賭けの勝ち分としてのベーシックインカム。それはなにものにも支配されない自律した生を可能にするだろう。

大学とは賭博である。賭けても、賭けても負けはない。しかも、夢中になって賭けているうちに、しぜんと自律の感覚が身についている。それならば、いえることはただひとつだ。好きなだけ賭けよう。

26/02/2009 paris / Photo by YFR

第3章◆〈借金学生〉製造工場

大学紛争をうけて

1960年代後半、日本各地で大学占拠が続発した。1965年に慶應大学で授業料値上げ反対闘争がくまれると、これを皮切りとして、66年には早稲田大学、明治大学、中央大学、68年には、日本大学や東京大学でバリケードストライキが決行された。翌年1月には、東大安田講堂のバリケードが警察によって解除されてしまうが、そのようすがメディアで報道されると、こんどは京都大学へと飛び火し、全国的な叛乱へと発展していった。東京大学、東京外国語大学、東京教育大学（現在の筑波大学の母体となった）では、69年度の入学試験を中止したほどである。当時のスローガンは「大学解体」「産学協同反対」。もちろん、「大学解体」といっても、文字どおりの意味で大学をこわそうとしていたわけではない。産業界のために人材を提供するだけの大学など解体してしまって、自分たちの大学のありかたは自分たちで決めようとよびかけたのである。

1969年10月、大学占拠は77校とピークをむかえるが、その後、おどろくほど急速に鎮静化されてしまった。大学当局は構内に警察をまねきいれ、実力で学生をねじふせたのである。とうぜんながら、いちど大学占拠がおさまったからといって、なにか問題が解決されたわけではない。大学のしくみはなにもかわっておらず、いつまた学生が叛乱をひきおこすかわからない。そこで1970年代初頭から、政府と大学は学生の不満を分析し、それを解消するために大学改革にとりくみはじめた。むろんそうはいっても、学生たちが反対してきた「産学協同」にメスをいれたわけではない。学生たちの不満はあくまで「質の高い教育」をうけられないことにあるとし、それを解決するためとして、産業界の要望どおりの大学改革を遂行したのである。

まず、大学改革の背景にあったことを確認してみよう。1960年から70年にかけて、日本の大学は大きな変化をとげていた。学生数がいっきに増加し、「大学の大衆化」とよぶべき状況が生じていたのである。じっさい、この10年間で、短大もふくめた国公私立の進学者数は、およそ2倍になっている。具体的な数字をみてみると、この10年間で学生数は71万人から167万人に増え、進学率は10・3%から23・6%にあがっている。とくに私立大学の増加はいちじるしく、国立大学の学生数は20万1000人から32万9000人へと、11万8000人増加し、公立大学は4万人から6万6000人へと、2万6000人増加したのにたいし、私立大学は46万9000人から128万4000人へと、81万5000人も増加している。おどろくことに、この10年間の私立大学の学生数は174%増だったのである。

アメリカの社会学者マーチン・トロウは、大学制度を進学率の上昇にあわせて三つの段階に分類している。大学の進学率が0％から15％までをエリート型、15％から50％までをマス型、50％以上をユニバーサル型、としたのである。1960年から70年の進学率をみるかぎり、日本の大学はあきらかにエリート型からマス型に移行したといえる。このころ、ちょうど戦後のベビーブーマー世代、いまでいうところの団塊の世代が大学生になっていた。また、高度成長のなかで、あるていど家計も豊かになり、経済的に大学進学が可能になった家庭も増えていた。理工系中心ではあるが、企業が大学卒の人材を欲していたともいえるだろう。こうしたさまざまな理由があいまって、学生数が急激にふくれあがり、わずか10年余りのあいだに大学はマス型へと移行した。もはや大学はかぎられたエリートがあつまる場所ではなく、おおくの大衆があつまる場所へと変化したのである。

しかし、入学志願者が増えたからといって、すぐにそれにみあった教育システムが確立されるわけではない。それなりの時間と公的なサポートが必要である。だが、当時の政府には、目先のことしかみえていなかった。1960年代、政府は「国民所得倍増計画」の実現のために、科学技術者の養成をもとめており、理工系の学生をいそいで増やそうとしていた。だが、国立大学の定員をすこしずつ増やしたのではまにあわない。そこで、文部省は私立大学をまきこんでいく方針をとった。まず、1961年、文部省は私立大学の設置を自由化し、入学定員の増加をはかった。もともと学科の増設と入学定員の変更には、文部大臣との協議が必要とされていたが、この年から事前の届け出だけでよいとされたのである。しかも、定員を増やせるのは理工系にかぎらず、文科系もふくまれていた。私立大学にしてみれば、ベビーブーマー世代の受験生をほうっておく手はない。当然、理工系、文科系を問わずできるだけおおくの学生を入学させ、経営の安定をはかろうとするだろう。この時期をつうじて、私立大学は公的財政支援や教育の質の話を抜きにして、経営優先の規模拡大をすすめたのである。

それでは、私立大学はどれくらい規模を拡大させたのだろうか。1960年まで、学生数が1万人をこえていたのは、早稲田大学、日本大学、慶應大学、中央大学、明治大学、法政大学、関西大学、立命館大学、同志社大学、専修大学、東洋大学、國學院大學、関西学院大学の13大学のみであった。だが、1965年から70年になると、さらに青山学院大学、明治学院大学、立教大学、駒澤大学、龍谷大学、神奈川大学、国士舘大学、近畿大学、東京理科大学、東海大学、大阪工業大学、福岡大学、名城大学などの13大学が1万人以上の大学になっている。これだけみても、1960年から70年までの10年間で、私立大学の学生数が174%増と、ありえない数値だったのもなっとくがいくだろう。いま日本では私立大学の割合が圧倒的であり、世界的にみて教育への公的支出がきわめて低いが、その理由の一端は、1960年代の文部省の政策にあったといえる。「大学の大衆化」が現実的な政策課題となったとき、ヨーロッパが国公立大学の漸進的拡充をおこなったのにたいして、日本は私学の設置自由化という安易な道をえらび、この時点で公的負担を増やすという選択肢を放棄してしまったのである。

政府が大学授業料を値上げした

戦後の学制改革によって9カ年の義務教育が定着し、教育の機会均等が大きく促進されて国民の教育水準がめざましく向上した。このことがそれまでの長年にわたる教育の蓄積とあいまって、わが国の社会・経済の発展に重要な貢献をしたことは疑いない。しかし、今日の学校教育は、量の増大に伴う質の変化にいかに対応するかという問題に直面している。

これは1971年にだされた中央教育審議会（以下、中教審）の答申である。1967年、文部省は中教審にたいして「今後における学校教育の総合的な拡充整備のための基本的施策について」の諮問をおこなった。これをうけて、中教審は4年間の審議期間をへて答申をだした。元号でいうと昭和46年だったので、四六《しろく》答申とよばれることがおおい。四六答申は、戦後教育の基本理念であった教育の機会均等に変更をせまり、教育の「質の変化」を示唆したことでひじょうに有名である。とくに、高等教育については受益者負担を原則とすることが強調された。大学の教育費を負担するのは政府ではなく、教育サービスをうける子どもと親だというのである。ようするに、国公立大学の授業料を値上げしろといったのだ。四六答申のつづきをみてみよう。

教育費は、社会的には一種の投資であるとみることができるので、その投資の経済的効果のうち当事者個人に帰属するものと社会全体に還元されるものとが区別できれば、それを考慮して受益者負担の割合を決めるのが合理的だという考えかたもある。しかし実際には、そのような区別を立てることが困難なばかりでなく、教育投資の効果は経済的な利益だけでないこともあきらかであって、経済効果だけから受益者負担額を決めることは妥当ではない。
したがって、受益者負担の実際額は、教育政策の立場から、その経費の調達が大部分の国民にとっていちじるしく困難でなく、個人経済的には有利な投資とみなしうる限度内で適当な金額とすべきだろう。

ここには、教育費を公的負担でまかなうべきなのか、それとも私的負担でまかなうべきなのか、その額はどうするべきなのか、その客観的基準はないと書かれている。あるとしたら、それは「個人経済的には有利な投資とみなしうる」かどうかだけだ。そして、じつのところ、この点こそが受益者負担の根拠とされた。教育費は自分のための先行投資なのだから、自分でカネをはらうのはあたりまえだが、その限度は決めかねるというのである。ちなみに、教育費の受益者負担の根拠は、教育に市場の競争原理をもちこむということである。学生は自分の将来のために先行投資として学費をはらい、よりよい大学をえらぼうとする。大学は学生のニーズにこたえるために、巨額の資金を投じて、レベルの高い教育を提供しようとする。当然ながら、大学間では入学者をつのって競争が生じる。どれだけカネをかけて、どれだけよい人材と設備をととのえることができるか。カネをかけるうえは、大学はよりたかい授業料をとるようになるだろうし、学生もよりよい教育のために、より高い学費をはらうのがあたりまえになるだろう。これをどう考えるべきなのか。結果として、教育レベルをたかめるから、学生にとっても大学にとってもよいことだと考えるべきだろうか。それとも、カネのない学生と小さな大学を苦しめる悪しきシステムと考えるべきだろうか。すくなくとも、現状としては後者がただしいことだけはたしかである。

さて、四六答申では、大学の授業料は「国民１人あたり個人消費支出に対して、国立では20％、私立では40％となるよう」にと提言されていた。１９７１年の時点で、大学の授業料は国立大学が１万８０００円、私立大学が９万５０００円であった。これを四六答申では、国立大学で７万３０００円、私立大学で14万６０００円にしようと指示したのである。わかりやすくいえば、国立大学の授業料を４倍にひきあげ、私立大学との授業料の差を半分に縮めようとしたのである。この答申をうけて、とくに75年以降、国立大学の授業料は急激にひきあげられることになった。国立大学が授業料をあげれば、これにおうじて私立大学も授業料の値上げをおこない、それをみた国立大学はまた差をうめようと値上げをおこなう。そんなイタチごっこの果てに、こんにちでは国立大学の授業料が53万円、私立大学の授業料が82万円にまでひきあげられている（次頁表２）。通常では考えられないような値上がりのしかたなのだが、それはまちがいなく１９７１年の施策の結果としておこったのである。

〈借金人間〉製造工場としての大学

１９７０年代から、資本主義はあたらしい段階にはいっている。第１章で紹介した社会工場という概念をおもいだしてみよう。家庭にしても学校にしても消費にしても、社会生活のあらゆる領域が工場にくみこまれていく。しかも、このプロセスがすごいのは、たんに社会生活が工場の一部になったという

表 2　国立・私立大学の授業料（平均）推移

年	国立大学	私立大学	格差 （私立÷国立）
1975	36,000 円	182,700 円	5.07 倍
1976	96,000 円	222,000 円	2.31 倍
1978	144,000 円	282,000 円	1.99 倍
1980	180,000 円	355,000 円	1.97 倍
1982	216,000 円	406,000 円	1.88 倍
1984	252,000 円	433,000 円	1.79 倍
1987	300,000 円	517,000 円	1.72 倍
1989	339,600 円	571,000 円	1.68 倍
1991	375,600 円	642,000 円	1.71 倍
1993	411,600 円	688,000 円	1.67 倍
1995	447,600 円	728,000 円	1.63 倍
1997	469,200 円	757,000 円	1.61 倍
1999	478,800 円	783,000 円	1.64 倍
2001	496,800 円	800,000 円	1.61 倍
2003	520,800 円	801,000 円	1.54 倍
2005	535,800 円	818,000 円	1.53 倍

注：値上げのはげしい 30 年間のみを掲載した。
出所：文部科学省「国立大学と私立大学の授業料等の推移」より作成

ことではなく、逆に工場の生産活動の性格までかえてしまったことである。もともと、工場では自動車でもなんでもいいが、物質的な財をうみだすために、マニュアル作業をおこなうのが一般的であった。そこで問われていたのは、いかにして均一な商品を大量につくるか。経営者は作業効率をあげるために、仕事のマニュアルをつくり、労働者はそれをだまってこなす。労働者が知恵をはたらかせ、勝手にはたらきかたをかえるなんてあってはならないことであり、とにかく経営者の命令にしたがっていればいいのであった。

これにたいして、社会工場では、頭をつかってはたらくことがもとめられている。知恵をはたらかせて、日々の暮らしを快適にしたり、他人に気をつかったり、友人と会話をしたり、コンピュータをつかって情報のやりとりをしたり、ようするに、ふだんひとが社会生活をいとなむためにやっていることが、生産活動の原動力となっている。情報産業やサービス産業はもちろんのこと、自動車産業のように具体的なモノをつくるところでも、いまでは均一な商品をつくるだけではやっていけない。多品種少量生産というのだろうか、消費者がどんな自動車をほしがっているのか、それをいちはやく察知し、必要なぶんだけ、モノをつくるのでなければやっていけない。大切なのは、顧客とのコミュニケーションであり、日常的な情報のやりとりである。

近年、こうした資本主義のありかたは、認知資本主義、ないしは記号資本主義とよばれている。かつて、アウトノミア運動の理論家であったフランコ・ベラルディは、つぎのように述べている。

認知的活動はいつも、生産様式が機械的であったときにも、人間の生産のすべての基礎をなしてきた。人間の労働過程に知性の営みを伴わないようなプロセスはない。だが今日では、認知能力こそが本質的な生産手段となっているのだ。産業労働の圏域においては、精神の働きは反復的な自動作用、筋肉の運動を生理的にサポートするものとして位置づけられてきたのだったが、今日では数多のイノベーション、言語、コミュニケーション的諸関係において精神が働いているのである。資本制の価値増殖過程への精神の包摂が、本当の変異をもたらす。意識・感覚有機体は競争への圧力、刺激の加速、恒常的な注意喚起ストレスの下に服従させられている。この結果、そこで精神が形成され他の精神との関係に入るような情報圏、すなわち精神大気圏が病理的雰囲気を醸し出している[1]。

知識や情報、情動、アイデア、イメージ、などなど。人間の認知的活動が、資本主義の利潤をうみだす最たる道具となっている。認知資本主義の労働とは、「イノベーション、言語、コミュニケーション」をつくりだし、それをうまくもちいることである。情報産業やサービス産業にしてみれば、その活動は売り買いされる商品でもあるだろう。そして、よく考えてみると、本書のテーマである大学は、こうした認知的活動の一大拠点であるということができる。もともと、大学とは学生や教員がゆっくりとものを考え、喜びや悲しみといった情動をわかちあう場であった。進学率5割という現状をふまえると、大学では、とんでもない規模の認知的活動がおこなわれているといってもいいだろう。

♠ ♠ ♠ ♠ ♠

1　フランコ・ベラルディ『プレカリアートの詩』櫻田和也訳、河出書房新社、2009年、50-51頁。

そうであったからこそ、政府や企業、大学は、授業料値上げにはじまる大学改革に躍起になってきた。もともと、人間の認知的活動はプライベートなものであり、企業の経済活動とはなじまないものであった。だが、認知資本主義のもとでカネもうけをするためには、物質的な財とおなじように、「イノベーション、言語、コミュニケーション」を商品としてあつかわなくてはならない。しかも、それをみんながあたりまえとおもい、自分の認知能力を企業の経済活動にすすんでいかすようにしなくてはならない。この点で、大学が期待された役割はひじょうにおおきかった。まず、学生は授業料をはらわされた時点で、教育を商品として購入させられる。大学の認知的活動は高額な知識商品である。そして、大学がかんぜんに就職専門学校化し、企業が必要としている問題解決能力や情報処理能力、コミュニケーション能力をおしえるようにでもなれば、認知資本主義を普及するその教育的効果は、はかりしれないということができるだろう。

しかし、引用文でベラルディが指摘しているように、認知資本主義はそれが浸透すればするほど「精神大気圏の病理的雰囲気」をひろめることになる。たとえば、ふだん学生は大学では好きなことを学習し、自分の個性を磨きましょうといわれているが、そのじつ、就職のための知識ばかりをまなばせられている。キャリア形成科目やインターンシップ、実用英語、資格試験対策、情報機器操作、などなど。まるで企業に役だつ知識を身につけることが学生の個性であるかのようだ。バカバカしい。バカバカしいが、年間１００万ちかくもの学費をはらわされ、多額の奨学金ローンをかかえて、就職難の現実をつきつけられると、なんだかそれをほんきにしなければいけないとおもえてくる。就職の採用面接で不採用でもつづけば、勉強不足のために、自分の個性を磨けていないのがわるいとでもおもえてくるかもしれない。だが、就職のための勉強をすればするほど、なにが個性なのかさっぱりわからなくなる。もともと、個性の磨きかたなんてあるわけないのだから。切迫感がつのればつのるほど、しだいに自分でものを考え、自分を表現することがストレスになってくる。学生たちをとりまいているのは、文字どおり「精神大気圏の病理的雰囲気」なのである。

ほんとうのところ、認知資本主義は資本主義にとっての危機である。みんなが病におちいっているのだから。日ごろ、学生は友人たちとくだらないおしゃべりをしたり、バカさわぎしたりしている。賭けごとをやったり、イベントをうったりして、もうけをあげることもあるかもしれない。でも、それが目的なのではない。友人といるのが楽しいから、ただいっしょにいたいから、そうしているのである。それなのに、就活だかなんだかしらないが、抽象的にコミュニケーション能力をやしなえとかいわれてもこまってしまう。友人のいないおしゃべり、とりかえのきく言葉、うわべだけの笑顔。うんざりだ。わたしたちの身のまわりには、ありふれた会話の楽しさが満ちあふれている。そして、だからこそ、偽りのコミュニケーションに敏感になってしまうのだ。

また、いくらコンピュータスキルを磨き、ＴＯＥＩＣの点数をあげたとしても、たいていは非正規労働者となり、やすい給料でつかい捨てられる。認知的労働だかなんだか知らないが、そんなあつかいをうけるくらいなら、ほんとうは仕事なんてやらないほうがいい。はたらけどはたらけど、満足のいくカネなんてえられない。だったら、はたらかずにやりくりする方法をさぐったほうがいいはずだ。そもそも、友人たちとバカさわぎすることが楽しいと知っているのだから、それをいかして生きてしまったほうがいいじゃないか。労働なしに生きること。際限なく楽しむこと。学生だけじゃない、世のなかのおおくのひとがそうおもっている。

もちろん、資本家がそんなことを放置しておくわけがない。労働から逃げだしてしまうひとが増えれば、資本主義が崩壊してしまうからだ。たとえ、はたらく人間を確保できたとしても、ものを買わない人間が増えてしまえば、それはそれで危機である。そこで、資本家は策をろうして、労働者を労働と消費につなぎとめようとしてきた。社会学者のジョン・ホロウェイは、このことについて犬と飼い主を例にあげて、以下のように述べている。

犬を従わせようとするこの闘いにおいて、飼い主は重要な切り札をもっています。犬をつないだ紐を長くすることができるのです。このような手段を取るのは、犬の強さを認識しているからであると同時に、また犬を疲れさせておとなしくさせようという策略でもあります。犬がすっかり疲れて弱ったら、飼い主は、必要に応じて、犬を打ちすえて従わせ、それから紐を短くすることができるわけです[2]。

ここで、犬である労働者は飼い主である資本家から逃げだそうとしている。いまにも、飼い主の手を

♠　♠　♠　♠　♠

2　ジョン・ホロウェイ『権力を取らずに世界を変える』大窪一志・四茂野修訳、同時代社、２００９年、３７６頁。

ふりきってしまいそうだ。そこで飼い主はヒモをながくして、犬を疲れさせる作戦にうってでた。犬は自由になったとはしゃいでしまい、そのうちに消耗してへばってしまう。ホロウェイによれば、この作戦の最たるものが借金である。資本家は労働者にクレジットカードをくばり、借金でものを買えるしくみをつくりだす。労働者は給料がやすくても、自動車や家を手にすることができる。だが、莫大な借金をかかえていくうちに、労働者は自分の首をしめていたことに気づく。自分の未来の20年、30年を借金の返済にあてなくてはならないのだから。もはや、はたらかないなんていう選択肢はありえない。

これにおいうちをかけるように、物理的、倫理的なプレッシャーをかけられる。借りたものは返せ、さもなければ死ねと。カネを返せないということは、債権者の信用ばかりでなく、自分を返せる人間だとみとめてくれた社会を裏切ることになるのだから。リストラをされて返せないことがわかったら、カードは即停止、全財産が没収される。闇金にでもカネを借りていたら、人間関係ごと、身体ごともっていかれるだろう。しかし、そこまでされても、だれもかわいそうだとはおもわない。カネを返すことが社会の信用をまもるということであり、道徳的規範をなりたたせているのだから。逆にいえば、人間は借金をせおい、それを返済することで社会から信用をえている。だから、たくさん借金をして、返すことができれば、そのひとはエラいのである。

もちろん、借金をせおっているのは、犬である労働者ばかりではない。その飼い主である資本家も、また別の飼い主から借金をしている。１９７０年代から、企業はカネがなくても、銀行から借金をして事業を展開し、その借金をまた借金でうめあわせるようになってきた。国家がやってきたこともまったくおなじだ。そろそろ返せとせまられたら、企業はリストラをしてすぐに採算をはかるし、国家は増税と公務員削減をして、返済の意志をしめす。こんにちの資本主義は、もはや借金なしではまわらない。労働者も企業も国家もみんな借金まみれだ。得をするのは銀行だけ。巨額の借金と利子をまわすだけで、もうけがはねあがっていくのだから。ネグリやベラルディとおなじく、かつてアウトノミア運動の理論家であったマウリツィオ・ラッツァラートは、近年、こうした資本主義を分析して、負債経済とよんでいる[3]。

奨学金制度の貸金業化

さて近年、日本学生支援機構（以下、支援機構）の貸金業化がすすんでいる。これは負債経済と無縁のことではない。銀行業界からすれば、かつての日本育英会のころから、公的奨学金をなくすことは懸案事項であった。ちょっと歴史をひもといて、問題点をあらいだしてみよう。

日本の奨学金制度は、１９４３年10月18日に発足した大日本育英会からはじまった。１９４３年といえば、第二次世界大戦のまっただなかであり、しかも日本の敗戦が濃厚になり、長期化する戦争のために国民経済が疲弊しきっていたときである。よく知られているように、戦時中の日本は「欲しがりません勝つまでは」などの標語のもとに、結婚記念指輪やお寺の鐘まで没収されていたほどであった。なぜ、あえてこの時期に、奨学金制度がつくられたのだろうか。当時、育英会創設にたずさわった永井柳

♠ ♠ ♠ ♠ ♠

3　マウリツィオ・ラッツァラート『〈借金人間〉製造工場』杉村昌昭訳、作品社、２０１２年。

太郎議員は、その必要性について次のように述べている。

日本の国民の大多数が、貧富の如何を問わず、等しく高級な教育を受け、その天賦の良知を発揮しうる教育制度を確立することが、急務中の急務と信ずるのであります。

優秀なる資質を有するにもかかわらず、学資の乏しき故をもって、その資質を練成する機会を与えられず、むなしく墳墓に下らしむるごときは、国家の損失これより大なるはなし、と言うべく、政府はかくのごときものに対しては、例えば、興亜育英金庫というようなものを創設して、国家がその学費を貸与し、教育を継続させる道を開くことは、単に、人材の育成に対する国家の要求にこたえるだけではなく、国家の政治を、正義のうえに確立することになるものだと信ずるのであります[4]。

いっけんすると、この演説は良心にみちあふれているように思える。戦時中で国の財政がきびしいときにもかかわらず、高等教育をうけられない貧しい人びとにたいして、国が支援をおこなうべきだといっているのだから。国家存亡の危機だからこそ、次世代の教育に公的資金をついやし、日本再生の希望を青年たちにたくそうとでもいうのである。しかし、育英会の設立は、そんな美談だけでかたることはできない。この時期、日本は国家総動員体制の一環として、奨学金制度ばかりでなくさまざまな社会保

♠ ♠ ♠ ♠ ♠

4　1942年2月12日、衆議院本会議における永井柳太郎の演説。

障制度をととのえようとしていた。戦争のせいで庶民の生活は疲弊しきっていたが、それでもナショナリズムを高揚させなくてはならない。それで、国民の平等化がはかられたのである。おそろしいことであるが、大日本育英会発足の３日後、１９４３年10月21日には、明治神宮外苑で学徒出陣の壮行会がおこなわれている。日本の奨学金制度は、学生を戦争動員するためにつくられたといっても過言ではない。

また、育英会という名称からもわかるとおり、日本の奨学金制度には当初からエリート主義的な発想がふくまれていた。育英とは、いいかえれば英才教育のことである。永井も「優秀なる資質を有するにもかかわらず、学資の乏しき故をもって」と述べていたように、奨学金をうけられるのはあくまで秀才だけであった。そこには成績のよしあしにかかわらず、あらゆる若者にまなぶ権利を保障するという発想がきわめてよわかったといえる。そして、大学に進学するのも一部の金持ちと秀才だけであったため、貸与という受益者負担のしくみがとられることになった。ひとにぎりのエリートのために税金をつかうのは不公平であり、本人負担にするのがあたりまえと考えられたのである。もちろん、戦時中だったので税金を投入する余力がなかったということもできる。いまの支援機構も奨学金は貸与のみで、選考でも成績が重視されているが、率直にいって、これだけ大学進学率のあがった現在にあっても、戦時中とおなじ制度がとられているのはあきらかにおかしい。

しかし、永井演説の冒頭にも「日本の国民の大多数が、貧富の如何を問わず、等しく高級な教育を受け、その天賦の良知を発揮しうる教育制度を確立すること」とあったように、たとえ微弱だったとはしても、育英会のなかに教育の機会均等という理念がふくまれていたのはたしかだ。経済的境遇におうじて奨学金を給付できるようにし、おおくの人びとが高等教育をうける機会をつくりだすこと。戦後の憲法や教育基本法には、こうした理念が文言としても記載されたので、英才教育主義をこえて機会均等方式の給付型奨学金へと変わっていく可能性もあったということができる。また、だからこそ、育英会の奨学金には貸与しかなかったけれども、そのかわりすべてを無利子とし、教育職につくものにたいしては返還を免除するなどの措置がとられていた。育英会には、たんなる貸金業者ではなく、あくまで奨学金制度の実行機関としての認識があったということができる。

１９７０年代末になると、銀行業界がいっせいに教育ローンを売りだしはじめた。ちょうど大学進学率が飛躍的にあがり、授業料の値上がりがはじまったころである。親の収入だけではたりず、カネを借りなければ大学にいくことはままならない。だが、銀行の教育ローンはバカたかい利子をとるし、担保も必要だ。むろん、だからこそ銀行はもうかるのであるが、育英会という無利子の奨学金制度があるかぎり、すすんで銀行からカネを借りようとするひとはいないだろう。銀行業界にいわせれば、育英会は教育ローン市場の自由競争をさまたげている。そんな障害は、はやくとりのぞかなくてはならない。そこで、銀行業界は大蔵官僚をつうじて、育英会に制度改革をせまった。それがかたちになったのが、１９８３年の第二臨調（臨時行政調査会）答申であった。この答申では、育英会にたいして二つの改革が指示されている。

①　奨学金に利子をつけること

②　返還免除制を廃止すること

これをうけて、１９８４年に日本育英会法が全面改正され、奨学金の有利子化が決定された。以後、育英会は無利子の第一種奨学金と、有利子の第二種奨学金の二本柱で運営されることになった。１９９７年には、教育職の返還免除制も廃止されているので、これによって第二臨調の指示が二つとも実行されたことになる。

だが、このていどの奨学金改革では、まだものたりないとかんじるひともおおかった。そこで、１９９９年になると、社会経済生産性本部が『選択・責任・連帯の教育改革』という報告書をとりまとめ、奨学金制度もふくめた抜本的な教育改革の提言をおこなった[5]。執筆にあたったのは、堤清二、橋爪大三郎、大澤真幸といった著名なポストモダン思想家たちである。かれらはポスト近代の到来にともなって、学校（かれらのいう「学校」には大学もふくまれる）もその機能を変化させなくてはならないと述べている。

　画一的な規律訓練の場所であった学校を、子どもたち一人ひとりが、「個人」としての自己を配慮し、発見し、鍛錬し、向上させることのできる場所として、再編成しなければならない[6]。

♠♠♠♠♠

5　この報告は、堤清二・橋爪大三郎編『選択・責任・連帯の教育改革【完全版】──学校の機能回復をめざして』（勁草書房、１９９９年）にて読むことができる。
6　同前、９頁。

近代の学校は、子どもをきびしく規律訓練し、一定の型にはめこむ場所であった。その主要機能は、工業化社会をささえることであり、工場などで定型業務をこなす大量の人材をつくることであった。これにたいして、ポスト近代では、一人ひとりが個性をいかしてはたらくことがもとめられる。これにおうじて学校も、子どもが自分の個性を「配慮し、発見し、鍛錬し、向上」させられるように改変されなくてはならなかった。いってみれば、大学を認知資本主義時代にみあったものにしようということだ。もしかしたら、この分析自体はそれほど斬新なものではないとおもわれるかもしれない。しかし、大学改革の具体的な内容を検討してみると、ほんとうにびっくりするようなことが記されている。

① 大学入試廃止
② 授業料の大幅値上げ
③ 教育費の全額自己負担
④ 銀行の「奨学ローン」拡大
⑤ 育英会の見直し

報告書では、まず学生定員を廃止して、入試をなくそうと提案されている。当時の子どもたちは、おそらくいまとはくらべものにならないほど、過度の受験競争で苦しめられていた。また、せっかく大学にはいったとしても、よほどのことがないかぎり、だれでも卒業できたため、ほとんど勉強せずに卒業してしまうこともおおかった。だが、これでは、大学教育の意味がない。だったら、アメリカのように入学の門戸をひらいて、そのかわりに卒業をきびしくしたほうがいいのではないか。大学入試なんて廃止してしまって、大学にいきたいものは、全員入学させてしまおうという提案がなされたのである。これだけだったら、そんなにわるくはない気がする。

だが、この提言書は、さらにこうつづいている。大学入試をなくしたら、進学率がいっきにあがり、学生数がいまの許容範囲をこえてしまうだろう。また、学生が増えても、授業料を現状のままで維持するとしたら、国の教育費負担がとんでもない額にふくらんでしまうだろう。どうしたらいいか。かんたんだ、大学の教育費は、かんぜんに受益者負担にすればいいのである、と。ようするに、大学教育への国の負担をいまよりもさらに減らし、そのかわりに授業料を数倍に値上げしようというのである。報告書のなかでは、仮にということで、1年間の授業料を180万円、生活費を120万円、合計300万円としたらどうかと書かれている。4年間在学すれば1200万円にもなる。なかなか支払うことのできない金額である。これだけ値上げすれば、大学教育はそれだけのコストにみあったものであるのかどうか、みんなが真剣に考えるようになる。結果的に、「本当に学ぶ必要のある人だけが大学に来るようになる」[7]というのであった。

♠ ♠ ♠ ♠ ♠

7 同前、91頁。

では、これだけの学費をどうやってはらうのだろうか。すべて親が負担することになるのだろうか。報告書では、親が学費をはらうしくみにすると、親の所得によって大学への進学が左右されてしまうので、いちじるしい不平等がうまれてしまうと述べられている。だから原則として、親が学費をはらうことは禁止とし、もしはらった場合には贈与税をかけるなどの罰則をつけるとしている。学費はすべて学生の本人負担とする。もちろん、おおくの学生はまだ稼ぎがないので、いますぐに学費をはらうことはできないだろう。そこで、どんな学生でも銀行から奨学金ローンを借りられるようにする。１２００万円を20年賦、年利６％の固定金利で借りるとして、年間の返済額は１００万円くらい。これなら自動車ローンよりは高額だが、住宅ローンほどではないため、はたらきだしてから十分に返済できるということだ。自分の学費は自分ではらう。この自己負担の原則こそが、もっとも公平なしくみだというのである。

もちろん、銀行がこれだけの金額をなんの担保もない学生個人に貸すのかという問題もある。だが、報告書は、総体としての学生は日本経済の将来そのものであり、確実な貸付先であると強調している。もし必要であれば、国が債務保証をすることもできる。毎年、ひとり３００万円として、学生３００万人が奨学金ローンをくむとしたら、総額にするとおよそ9兆円である。銀行業界からしてみれば、政府保証つきで9兆円規模の教育ローン市場が手にはいるのだから、こんなにおいしいはなしはないだろう。しかも、こうした奨学金ローンが充実すれば、もはや育英会の奨学金など不要になる。そもそも、育英会は貸与額がすくなすぎるし、免除職規定も教育職だけであったから、民間企業に貢献する要素がなにもない。一元的な配分システムも、多様な学生のニーズにこたえられず、いまでは時代おくれになっている。

これからの学生支援は、奨学金ローンを中心とすべきだ。かりに奨学金制度をのこしたとしても、公的奨学金はできるだけ減らし、大学ごとの独自奨学金をもうけたほうがいいとされたのであった。

ここまで、長々と報告書の内容にふれてきたが、執筆者たちがどんな教育のイメージをもっていたのかはわかったとおもう。さきにも引用したように、報告書では「個人としての自己を配慮し、発見し、鍛錬し、向上させる」ことが、ポスト近代の大学の役割とされていた。端的にいえば、自己責任を植えつけるのが大学の役割である。学費を国や親がはらうのは、子どもをあまやかし、なまけさせることにほかならない。貧しい学生を支援するために、奨学金をだすなどということは論外だ。学費は、ぜったいに本人の自己負担でなくてはならない。カネがなければ借金をくみ、自力で返済させるべし。こうした借金のやりくりをつうじて、学生は自己責任の感覚を身につけることができる。しかも、銀行業界にとってみれば、それで教育ローン市場が拡大し、莫大な利益をあげられるのだからいうことはない。ちなみに、第２章で２００８年に浮上してきたブラックリスト化問題をとりあげたが、このとき支援機構は、奨学金の返還滞納者に罰則をつけた理由として、「教育的配慮」というのをあげていた。この文言をみたとき、最初は冗談としかおもえなかったが、あらためて１９９９年の報告書を読んでみると、じつはながらく計画されてきたことであり、本気だったということがわかる。おそろしい。

こうした提言をうけて、２００１年、小泉内閣は「日本育英会の見直し」をうちだした。行政改革の一環として、育英会についても解体・縮小の議論がなされ、国家のスリム化をはかるために、独法化が示唆されたのである。２００４年４月、国立大学法人の発足とときをおなじくして、日本国際教育協会や内外学生センター、国際学友会、関西国際学友会と合併し、独立行政法人日本学生支援機構が発足することになった。あとは、前章から紹介してきたように、奨学金制度の貸金業化がすすんできただけである。返済のとりたてを強化するために、民間の債権回収業者に業務委託をし、法的措置を徹底し、ブラックリスト化をおこなう。日本学生支援機構は「奨学」の理念をうしない、「ローン」の側面をつよめている。国立大学の法人化後、ふたたび授業料値上げが示唆されるようになり、また大学の独自奨学金の重要性がとりあげられはじめた現状を考えると、日本の奨学金制度は、ひきつづき1999年の報告書に沿ってうごいているといえる。

さて現在、日本学生支援機構がすすめているのは、奨学金ローンのとりたて強化だ。すでに述べたように、返済できないとみなされて、裁判所に訴えられた件数は、年間6000件をこえている。支援機構が民間銀行のようになっている、あるいはそのための準備をしている。むろん、支援機構にはまだ公的な性格がのこっている。無利子の奨学金もあれば、返済の猶予規定もあるし、債権の証券化もなされていない。だが、なんどでも強調していいのは、とりたての教育的効果なるものの欺瞞性である。とりたてが強化されることで、学生は奨学金がまぎれもない借金であると認識させられる。そのあとまちうけているのは、物理的、倫理的なプレッシャーだ。借金を返せないのは不道徳であり、殺されても文句はいえない、と。

大学を卒業すると、およそ20年にわたって、労働に拘束される。どんなに認知的労働がくだらないとおもっていても、あるいは他の生きかたがしたいとおもっていても、なにも考えずにカネを稼がなくてはならない。学生たちは、飼い犬のままくたばらざるをえないのだろうか。奴隷のように生きていかざるをえないのだろうか。ホロウェイがいっていたように、借金とは犬をくたびれさせるためにつかう、ながい首ヒモのようなものだ。だったら、やるべきことははっきりしている。ヒモがながかろうとみじかかろうと、飼い主をおきざりにして、高速で突っ走っていけばいい、そうすればかならずふりきれる。まよわず走れ。あるいは逆に、ゆっくりと飼い主にちかづき、あまえるふりをして喉もとに喰いつけば、それでことがすむ。飼い主のいない犬、貪欲な狼。借金を返せないやつは人間ではないのだろうか。だったら、人間じゃなくて餓鬼になればいい。「鉄を喰え、飢えた狼よ、死んでもブタには喰いつくな」[8]。ぼくの血は鉄の味がする。

債務者に賃金を

真の欲望が、祝祭のなかに、すなわち遊戯的肯定と、破壊のポトラッチのなかに、早くも表現されるのである。商品を破壊する人間は、商品にたいする人間的優位性を示している。かれは、自分の欲求のイメージにまとわりついた抽象的な形態に囚われつづけることはない。消費から消尽への移行が、ワッツの炎のなかで表現されたのである[9]。

♠ ♠ ♠ ♠ ♠

8　尾崎豊「ＢＯＷ！」。
9　「スペクタクル＝商品経済の衰退と崩壊」、『アンテルナシオナル・シチュアシオニスト　５』インパクト出版会、１９９８年、25頁。

1965年8月、アメリカのロサンゼルス南部、ワッツ地区で黒人暴動がおこった。いわゆるワッツ暴動だ。暴動は、6日間にわたっておさまることをしらず、略奪につぐ略奪、そして2000件もの商店を焼きつくした。州兵や警官隊との市街戦にまで発展し、逮捕者は4000名、死者は36名、負傷者は900名にもおよんだといわれている。

引用した文章は、この暴動にたいするシチュアシオニスト[10]の分析である。当時、人種問題としてあつかわれることのおおかったこの暴動にたいして、シチュアシオニストは商品世界の破壊という位置づけをおこなった。商店を襲撃し、物品を略奪する貧乏人。強奪した物品を必要におうじてわけあう相互扶助。破壊された商店からレジをひっぱりだし、けりとばして遊ぶ子どもたち。電気もとおっていない家に、冷蔵庫やテレビをもちかえって歓喜する若者たち。あきらかに人種問題には還元できない。

いまもむかしも、ちまたでは「必死にはたらけ。出世すれば、どんな高級商品でも買えるようになるぞ」と吹聴されている。しかも、たかい商品を買えるかどうかが、人間のヒエラルキーをしめす尺度になっている。でも、いちど貧困におちた人間には、いくらはたらいても手にはいらないものがやまほどある。だから「もうすこし我慢しろ。がんばってはたらいていれば、いつかは買えるようになる」という言説は、ほんとうのところウソでしかない。というか、人間の価値が消費できまるなんてどうかしている。人間よりもモノのほうがエラいとでもいうのだろうか。ちくしょう、考えれば考えるほどムカつ

♠♠♠♠♠

10　フランスの理論家集団。状況主義とも訳される。ラウル・ヴァネーゲム『若者用処世術概論』（夜光社、近刊）や、ギー・ドゥボール『スペクタクルの社会』（木下誠訳、ちくま学芸文庫、2003年）などの著作が有名である。

いてくる。そうだ、モノが買えないのであれば、うばいとってけりとばしてやるしかない。どっちがエラいのか、主従関係をはっきりさせよう。暴動の意味ははっきりとしている。ガラクタみたいな商品がきらびやかにみえるイメージの世界。ひとはそのイメージにふりまわされ、どんな低賃金であっても必死になってはたらいてしまう。ワッツの暴徒たちは、そうした人間よりもエラそうにしている商品を外にひきずりだし、店に火を放ってみせることで、自分たちをとりまいている商品世界を破壊しようとしたのであった。

さて、とうとつにこんなはなしをしてみたのは、それがいまの学生叛乱を考えるヒントになるとおもったからだ。たとえば、2010年11月、イギリスのロンドンで授業料値上げに反対する5万人のデモがまきおこった。現在、年間3000ポンド（40万円）に設定されている授業料の上限が、9000ポンド（120万円）に引き上げられるというのだから、それはデモもおこる。このとき、日本のニュース番組でも、学生が与党の保守党本部ビルにおしかけ、窓ガラスをたたき割っている映像がながれていた。もしかしたら、やりすぎだとおもったひともいるかもしれない。だが、よく考えてほしい。学生は授業料値上げに反対している。だから、モノにきびしくあたるのはあたりまえだ。かれらが怒りをかんじているのは、大学という知的商品の値段があがること、つまりモノがエラくなってしまうことなのだから。ほんとうであれば、かつての暴動のように授業料を値上げする大学にしのびこみ、コンピュータでもなんでも外にひきずりだして、けりとばす学生がでてきたっておかしくはない。学生は窓ガラスをたたき割ることによって、商品化された大学に亀裂をひきおこそうとしたのであった。

だが、もうすこしほりさげなくてはならない。こんにち、学生をとりまいている商品世界とは、いったいどのようなものなのだろうか。そもそも、1960年代をひきあいにだしても、現在とはすこし状況がことなるのではないだろうか。かつて、貧乏な黒人は高額な商品を買うことができなかった。だが、いまの学生はたとえ貧乏でも学費をまかなうことができる。なぜかというと、カネを借りることができるからだ。借金つきで、借金を返すために生涯はたらきつづけるという誓約書つきで、学費を支払うことができるのだ。学生ばかりではない。いまでは、おおくの貧乏人が借金をして、車でも家でもたかい商品を購入している。どうやら、商品世界は間口をひろげ、吸引力をましているようだ。なにがおこっているのか。おそらく、このことを理解するためには、借金とむすびついた金融資本なるものを考えなくてはならない。

アウトノミアの理論家であるクリスティアン・マラッツィによれば、金融は、労働の将来的価値をあらわしている[11]。株式にしても債権にしても、問われているのは、国でも会社でも個人でも、債務者の未来の労働のありかたである。投資家はたえまない情報のやりとりをつうじて、金融商品にこめられたその将来的価値を予測し、その売り買いによって利潤をうみだしている。もちろん、金融はなにか物質的な財をうみだしているわけではない。情報という非物質的な財を交換しているだけである。一見すると投資家はなにもしていないし、なにもうみだしていない。だが、それは擬制的であるとかそういうことではなく、認知資本主義の経済活動そのものである。たとえば、インターネット企業のグーグルはあらゆる人びとに情報検索の機会を提供している。それは慈善事業でやっているわけではなく、利用者がウェブ上の広告をクリックすれば、そのたびに企業からカネがふりこまれるしくみになっている。たんなる情報のやりとりを商品化できるものへと誘導すること、そこに私的所有権を発生させること、知らないうちに大勢の人びとをタダ働きさせること。金融にしても、インターネット企業にしても、認知資本主義の経済活動とはそういうものなのである。

世界的に金融化が進行したのは、１９７０年代後半からである。この時期から、金融は一部の専門家ばかりでなく、中産階級にもひらかれたものとなった。これを家庭経済の金融化というのだが、ようするに中産階級の預金を投資信託にながしこみ、とりわけ確定拠出型年金というかたちで、年金基金の運

♠　♠　♠　♠　♠

11　クリスティアン・マラッツィ『資本と言語』桂本元彦訳、人文書院、２０１０年。

用を普及させたのであった。しかし、それでもものたりなかったのか、こんどはなにももたない貧乏人の生活まで、金融商品の世界にのみこみはじめた。サブプライムローンは、その一例だ。多少、貧乏であっても住宅ローンをくめる。なぜそんなローンがくめたのか。それは住宅ローンをこねくりまわして、リスクのたかい、利回りのいい金融商品をつくれたからである。このローンが世界恐慌をまねき、結果として貧乏人を住宅からたたきだしたのは周知の事実だ。

だが、ここで考えなくてはならないのは、この金融化のプロセスが貧乏人からなにをうばいとったのかということである。結果的に、住宅がうばわれたとかそういうことばかりではない。ローンをくんだことで、貧乏人は想像力をうばわれたのだ。もともと、貧乏人のあいだでは、快適な場所でくらしたいというイメージが共有されていた。そして、それを具体化する方法もいかようでもありえた。政府に公共住宅を要求してもよかったし、空き家があれば複数人で不法占拠をしてもよかった。でも、ローンをくむことで、貧乏人の思考はマイホームを購入することに直結させられてしまった。いちどカネを借りてしまうと、快適な生活のイメージは商品世界の檻のなかにしかありえない。金持ちは、貧乏人がおもいえがいてきた未来の生活のイメージを、いいかえれば、貧乏人の認知的活動を金融商品として所有し、それを売買することによって利潤をあげているのである。そしてその一方で、貧乏人はマイホームの購入を「成功」の自明のイメージとみなし、ローン返済のために地獄のような労働をしいられるのだ。

住宅ローンばかりではない。こんにちでは、教育ローン、自動車ローン、クレジットローンについても、まったくおなじことがいえるようになっている。先述したように、教育ローンは金額からいっても、住宅ローンにつぐ第二のローン市場である。奨学金がかんぜんに公的性格をうしなえば、おそらく住宅ローンとおなじことがおこるだろう。だれもが大学にいけると吹聴される。ひとりあたり数百万円にもおよぶ教育ローンをくんで。おそらく、このことで夢をみることができるようになる学生もいる。それまで不可能だった大学進学が可能になるのだから。だが、借金で大学にいくことが一般化すれば、大学をめぐる想像力が、商品世界のなかに閉じこめられてしまう。もともと、大学については、政府にたいして学費無償化をもとめてもよかったし、まなぶべき知識についても、就職に役だつかどうかなんて関係なく、サークルや仲間うちで好き勝手なことをやっていてもよかった。だが、大学の金融化がすすめばすすむほど、借金をして、大学教育という商品を購入するのがあたりまえになってくる。借金を返すために、まなぶべき知識が就活と直結してしまう。大学にいきたいという貧乏人の思考が、商品世界にくくりつけられてしまう。貧乏人をまっているのは、借金返済のための地獄の労働、ただそれだけだ。しかも、金持ちは教育ローンを運用し、ぜんぶんに利潤をえることができる。

　金融化は、人間生活のすみずみにまでいきわたっている。いまわたしたちに必要なのは、商品世界にくくりつけられた人間の思考を解きはなつことだ。**商品世界の破壊《ラッダイト》**。金融化にもとづいた商品世界にたいして、人間がモノよりエラいことをしめすことができるかどうか。シンプルなことでいい。とにかく、大学教育が商品化されているのだから、イギリスの学生たちのように、窓ガラスをたたき割ってやればいいのかもしれない。だが、金融化のながれをとめるために、ほかにもなにかいい方法はないだろうか。

ちいさくて姑息な手段でもいい。金融資本というわけのわからない、しかも巨大で狡猾な機械をぶちこわすには、ありったけの想像力をはたらかせて、百の、千の、万の攻撃をしかけるしかないだろう。

かつて、「学生に賃金を」というスローガンは、大学占拠中の学生たちをバリエーションゆたかな行動に駆りたてる起爆剤となった。このスローガンにならって、いまあえてこういっておいてもいいのではないだろうか。**債務者に賃金を**。借金をかかえている貧乏人は、ただ生きているだけで賃金をもらう権利がある。グーグルではたらかされている自分の将来の生活を切り縮められている。未来をおもいえがく認知的労働をやらされているのだ。しかも、その借金は知らないあいだに運用され、莫大な富をうみだしている。これはもうカネをもらうしかない。

よく考えてみると、もっといいところにすみたいとか、もっとおもしろいことをまなんでみたいとか、そういう未来をおもいえがく認知的活動は、借金をしていないひとだって、みんながやっていることだ。それはながい年月をかけて、人類がふくらませてきた共同財のようなものである。金融資本は、あきらかにこれに寄生している。こういってもいいだろうか。ショバ代をよこせ。ベーシックインカムをもらいたい。しかも、債務者には圧倒的なつよみがある。**すでにカネはもらっているのだ**。三十六計、逃げるにしかず。もちろん、それはとてもむずかしいことだ。この社会は借りたものを返せない者にたいして、ひどく残酷なのだから。債務奴隷はひとにあらず。でも、だからこそ、わたしたちはあらゆる手をつくして、こころみなくてはならない。借りたものは返せない。社会戦争の狼煙《のろし》はもうあがっている。

イギリス政府のうちだした授業料値上げの方針に，学生たちの怒りが爆発。2010年11月10日，ロンドン中心部ウエストミンスターのミルバンク・タワーのガラスを蹴り破るデモ参加者（© PA Images）

これは数年まえに、１９６８年論として書いたものです。当時の学生たちは、どんなおもいでバリケードストライキを決行していたのだろうか。そこではだれが、なにを壊したがっていたのか。そんなことを考えるための一助として、よろしければご覧ください。

補論3 論考

大学生、機械を壊す――表現するラッダイトたち

いまから200年前、イギリスでラッダイト運動がおこった[1]。手工業者が工場におしいり、ひたすら機械をたたき壊したのである。産業革命にともなう急激な機械化。それは手工業者の仕事をうばいとるばかりでなく、かれらが仕事で感じとっていた喜びや自己の尊大さをうちくだくものでもあった。工場では、労働者が機械の部品のようになり、人間らしさのみじんもない。しかも、機械化の流れはとどまることをしらず、そのスピードは加速するばかりであった。だから、おおくの手工業者はこう思ったにちがいない。「ちょっと待ってくれ。どんな働きかたがいいのか、もうすこし時間をかけて考えさせてほしい」。かれらのとった行動は単刀直入であった。工場の機械をぶち壊して、機械化の流れをとめてしまうこと。とめた時間を活かして、自分たちなりの働きかたを考えてみること。手工業者はラッダイトというその行動をつうじて、自分たちの働きかたは自分たちで決めるということを表現したのであった。

それから150年後、世界各地で第二のラッダイト運動がおこった。1960年代後半、工業化が飛躍的に進展し、社会全体がひとつの工場になりはじめていた。工場ではたらく男性のために女性が家事をになわされ、将来、工場ではたらくために学生が技術を学ばされ、工場の経営をなりたたせるために消費者がショッピングをうながさ

♠ ♠ ♠ ♠ ♠

1　Kirkpatrick Sale, *Rebels against the future: the Luddites and their war on the Industrial Revolution*, Perseus Publishing, 1996.

れている。そして、社会全体がひとつの工場になったのだとしたら、家庭や学校、広告やショッピング街は、工場の機械になったといってもいいはずだ。急激な機械化は、生活の場から人間性をうばいとってしまう。しかもひどいことに、うばいとられる側には機械化の是非を問ういとまさえあたえられない。だとしたら、もういちどラッダイトをおこして時間をつくるしかない。家庭という機械をたたき壊すこと、学校という機械をたたき壊すこと、消費という機械をたたき壊すこと。いちど機械をとめて、ゆっくりと考えてみる。自分はいかに生きるべきか、と。あるいは、行動をつうじて表現してみる。自分の生きかたは自分で決める、と。1960年代後半、それぞれの生活の場から、無数のラッダイトがあらわれた。

ちなみに、第二のラッダイト運動といっても、物を壊してばかりいたわけではない。かつての工場とはことなり、機械が物理的な機械とはかぎらないからだ。学校の授業、家庭生活、消費をすること。こうした機械をとめるためには、いったいどうしたらいいのだろうか。文化的表現をこらして、日常に不和をひきおこし、まったく別の日常を想起させること。表現を触発するために、ひとが群れあつまり、自由にふるまえる解放区をつくりだすこと。もちろん、ショーウィンドウをたたき割ったり、車に火をつけたりすることも多々あったろう。だが、それもまた物理的暴力の強さに意味があったわけではなく、むしろ消費への怒りを呼びおこすことや、それを表現することに意味があった。では、具体的にどんなことがおこなわれていたのだろうか。1960年代末の大学ストライキ。それは**大学という機械をラッダイトするこころみ**であり、未曽有の規模でおこなわれた文化的表現の実験場であった。大学ストライキは、第二のラッダイト運動の象徴である。すこし日本を事例にして、この運動の可能性を掘りおこしてみよう。

♠時間をストライキする

１９６０年代末、全国各地で大学ストライキがあいついだ。わきあがるように結成された全学共闘会議（全共闘）。学生たちが大学にバリケードをはり、校舎にたてこもった。大学によって、ストライキの理由はさまざまだ。しかし根底のところで、大学ストライキにはあきらかに共有されている思想があった。

今、うすら寒い講堂の一室でボク達は考えてきた。

全学バリケード封鎖を
東京大学の徹底的〈破壊〉を
全学バリケード封鎖の意味はただ単に七項目貫徹をめざした戦術アップでは決してない。今日の社会体制を根底から支えてきた、高級管理労働者養成所としての東京大学の存在そのものを具体的に否定する行為としてまたその中にどっぷりとつかってきたボク達の日常性そのものを完璧に否定する行為としてあるのだ。総力を上げて全学封鎖へと突撃せよ！[2]

これは１９６８年11月、東大全共闘が全学バリケード封鎖を宣言したときの文章である。文中にでてくる七項目とは、大学運営の民主化をもとめた七つの要求項目のことだ。「一、医学部不当処分白紙撤回／二、機動隊導入自己批判・導入声明撤回／三、青医連〔青年医師連合〕を協力団体として認めよ／四、文学部不当処分白紙撤回／五、

♠♠♠♠♠
2　「〝崩壊〟の季節」、『進撃』第2号。

一切の捜査協力をやめよ／六、1月29日以来の一切の事態に関して処分するな／七、以上を大衆団交の場において文書によって確約し、責任者は引責辞職せよ」。もともと、東京大学のストライキが決行されたのは、この七項目のためであった。だが、引用した文章が書かれた時点で、ストライキの目的は変わってきている。学生の関心は、あくまで「高級管理労働者養成所としての東京大学」を問うことである。当然ながら、東京大学でおとなしく勉学に専念していれば、たいてい出世の階段をのぼることができる。高級官僚、大企業の重役など、エリートと呼ばれるポストに就くことも夢ではない。しかし、それは自分たちが資本主義社会の支配層になることを意味していた。それでいいのか。というか、そんな自分を否定するべきではないのか。東大生のバリケードには、そんな思いがこめられていた。

この話だけ聞くと、東京大学にしかあてはまらないと思うかもしれない。しかし、基本的に他の大学でも考えかたはおなじであった。もちろん、東大生のようにエリートになることが約束されていたわけではない。だが、それでも大学教育をうけ、企業が必要とするような能力を身につけることができれば出世の道がひらけてくる。しかも1960年代末といえば、ちょうど高度成長のまっただなかである。このままいけば、まちがいなく楽な暮らしがまっている。だが、その背後で、日本はあきらかにアメリカのベトナム侵略に加担していたし、工業化の結果として農村、漁村が破壊され、公害問題も続出していた。自分の「平和と繁栄」のために、他の人びとを犠牲にしてもいいのだろうか。人生のレールからいったん降りて、自分の生きかたを考えなおす必要があるのではないだろうか。せめてその時間だけでもつくりたい。当時、早稲田大学の学生であった津村喬《たかし》は、後にバリケードの意味をふりかえって、つぎのように述べている。

バリケードというのは、機動隊や右翼が来るということへの備えという以前に、自分たちの運ばれていく未来をさえぎるためのものだった。待ってくれ、俺たちの人生は自分で決めたい、といいたかったが、それにはまず、授業をやめる必要があった。モラトリアム、といいたいならそれもよい。何と創造的な判断停止で、それはあったことか[3]。

バリケードは、時間の流れをさえぎりたいという学生たちの意思表示であった。大学にたてこもり、とてつもなくヒマな時間をつくりだす。そこでは必然的にいままで話そうともしなかった学生との会話がうまれ、共同生活をつうじて信頼関係がはぐくまれる。肘をつきあわせ、機動隊と衝突でもすれば、学生のあいだには強烈な連帯意識がめばえる。空き部屋を使っては討論会や勉強会をひらき、それでもものたりなければ、自分たちで授業カリキュラムを設定し、自主講座をひらく。自分たちにとって、のぞましい文化や生活を実験してみること。バリケードには、そうした文化的意味合いが強かった。バリケードは、時間をとめるシンボルであり、イメージそのものだったのである。

しかし、そうはいっても日大全共闘のように、バリケードの物理的強固さに力点をおいていたところもあった。

我々のバリケードは、今までの学園闘争（早大、中大、明大等）のように、単に机や椅子を積み上げるというように簡単なものではなく、机・椅子を交互に積み上げ、組み合わせ、更に針金で縛りつけ釘を打ち付けるという強固なバリケードである。それは文字通り、すき間の無いように机と椅子で埋め尽くすのである[4]。

♠　♠　♠　♠　♠

3　津村喬『全共闘』五月社、1980年、4頁。
4　日本大学文理学部闘争委員会書記局編『叛逆のバリケード』三一書房、1969年、290頁。

他の大学とくらべて、日本大学では右翼学生や体育会学生の力がつよかったといわれている。大学でハンドマイクをもち、当局批判でもしようものなら、ぶん殴られてへたすれば殺されかねない。そんな状況のなかでバリケードをはり、おおっぴらに当局とやりあうわけである。いつ右翼学生が襲撃してくるかわからない。だから、日大生たちは外からの物理的攻撃をはねかえせるようなバリケードを築かなければならなかった。ひしひしと感じる緊張感。身のまわりにはただの机とイスしかない。みんなで知恵をふりしぼり、創意工夫をかさねる。信じられないほど堅固なバリケード。それは、日大生の必死の努力の結果としてつくりだされたのであった。実際、日大生のバリケードは右翼学生を撃退したこともあったようだ。

約70名の黒ヘルメット暴力集団〔日本学生会議など、反体制派右翼学生のグループ〕は、火焔ビン、アンモニア薬品を使い、立看をひっくり返し、それに放火し、正面のバリケードを燃やそうとまでした。その攻撃に対し、行動隊約100名を中心とした300余名の学友はバリケード「陣地」を固め、かつ遊撃戦を展開し、彼等を悉《ことごと》く粉砕し、黒ヘルメットの一人を捕虜にまでしたのである[5]。

とはいえ、日大全共闘の強さは物理的側面にとどまるものではなかった。その強さには、学生たちの身体や精神を変形させるという側面があった。もともと、日本大学では右翼学生の暴力が強く、ハンドマイクをにぎることさえままならない状況であった。それがいまでは、好きなことを好きなときにしゃべり、右翼学生がやってきても撃

♠ ♠ ♠ ♠ ♠

5 同前、291頁。

1968年6月12日，経済学部校舎内でバリケードを構築する日大全共闘
(『新版 叛逆のバリケード』三一書房，2008年より)

退することができるようになったのである。まちがいなく、そこにいる自分は以前とはまったくちがった自分である。自分はなにものにでもなりうるということ。緊張感あふれるなかで、必死に知恵をふりしぼり、バリケードを築くという行為には、そうした思いがこめられていた。そして、こう考えてみると日大生のバリケードには他の大学とおなじような特徴があることがわかってくる。時間の流れをいったんとめて、いままでとはちがう生きかたを模索してみること。それができるというイメージやシンボルをつくりだすこと。日大全共闘は、それを物理的強固さというかたちで表現していたのであった。

♠自分の言葉を自分で語る

大学でハンドマイクを手にとるのに緊張感がはしる。実のところ、それは日本大学にかぎった話ではない。たとえば早稲田大学でも、政治セクトに属さない学生が発言するためには、革マル派や民青などの大きなセクトと争い、話すための場所を確保しなくてはならなかった。ビラ一枚撒くにしても、タテ看をかけるにしてもおなじような努力が必要となる。そういうのが好きな学生もいたかもしれないが、ふつうは嫌である。だから、一見するとなにげないその行為には、学生一人ひとりの強い覚悟が必要とされていた。ハンドマイクで発言すること。それは学生たちの自律の表現であった。

我々は個人から出発する。日常から出発する自ら唯一者として自己の存在を闘いに課すとき、出発はここにしかない。そこには、いかなる党派の論理も組織の論理もない。我々は自己の内部の〝言葉〟で語るところから出発する。それは自己存在を求めてくりかえす闘いが、組織や綱領を超える時点が、そこにこそあるだろうから。

我々は、ここに闘う仲間が集まり、論争ではなく、自らがひきずっている矛盾を語りたいと思う。批判が、同意が、各々の言葉で語られる時、我々はアジテーションに詩を与えることができると思う。そこに自立への指向と個人からの発想の根源的な闘いを生みだしていこう[6]。

これは1969年2月7日、早大反戦連合の集会で撒かれたビラである。ビラのタイトルにあるように、学生たちがもとめていたのは、自分の言葉を自分で語るということであった。発言内容も大切だったかもしれない。だが、それ以上に大切だったのは発言をすることであった。組織の言葉ではなく、自分の言葉を語ること。これが全共闘のもっとも重要な点であり、かれらの反権力の肝であった。どんなに良心的な政治セクトであっても、語るべき言葉を組織が独占し、構成員がそれにしたがっているだけであれば、いくら権力批判をしても意味がない。それ自体がひとつの支配秩序であるからだ。

もちろん、左派の問題ばかりではない。さきほどもとりあげた津村喬は、全共闘が相手にしていた権力は「言葉の秩序」であったと述べている。1960年代末、産業界はすでにポスト工業化社会への移行を示唆しており、知識や情報、すなわち言葉をいかに管理するのかを課題とするようになっていた。たとえば、全共闘を「暴徒」あつかいしたのは、大学当局や警察ばかりではなく、情報操作をするマスコミの力であった。また、人びとが消費に駆りたてられたのも、日本が物質的に豊かになったからではなく、マスコミや広告によって、それがあたりまえと思わされるようになったからであった。

♠　♠　♠　♠　♠

6　「ぼくはぼくの言葉で語りたい」、2・7集会社会反戦連合（準）。前掲、津村喬『全共闘』より引用。

ポスト工業化は大学にも影響をおよぼした。情報技術の開発と知的中間層の育成。当時、おおくの大学で「産学協同」がかかげられたが、それは大学を知識産業の一大拠点とすることを意味していた。もちろん、教育が商品としての性格を高めれば、教員が知的商品を生産し、学生はただそれを消費するだけになるわけで、両者の溝はひろがってしまう。ごくわずかな専門家が言葉を独占し、一方的に情報伝達がなされる。だが、それではいけないということで、学生たちは「自己教育」を対置しようとした。

職業革命家をつれてこようと、おわいやさんや港の労働者をつれてこようと、象徴的にせよ教壇が残存している限り、教育する者と教育される者の分離の止揚が意識的に追求されない限り、それはコップの中の嵐にすぎないのである。反大学運動は従ってその一形態として講演会を組織するにせよ、なにかちがった様式、すなわち、教えこむのではなくなにか回転装置を投げだし、聴く者観る者の自己教育を喚起するという演劇的スタイルの可能性を次第に探っていかざるをえまい[7]。

大学では、教育する者と教育される者がはっきりと区分されている。それは生産者と消費者の区分であったし、演劇にたとえていえば役者と観客の区分であった。ポスト工業化が両者の溝をひろげ、一方的な情報伝達を促進しているのだとしたら、いちどそれを断ち切って、「自己教育」の回路をつくりだすこと。大学のなかで受動的な消費者でしかなかった学生たちが、好きなことを好きなように表現してみること。たとえば、学生たちが自分たちで授業カリキュラムをくみ、自分たちがうけてみたい授業を自分たちでもよおしてみる。内容が左派的かどうかは問

♠ ♠ ♠ ♠ ♠

7 津村喬「早大解体＝反大学運動をどこまでもおしすすめよう！」、『魂にふれる革命』ライン出版、１９７０年、２４２頁。

題ではない。自分たちが学びたいこと、自分たちが伝えたいことを自分たちでまかなってみる。学生たちは、こうした自主講座のこころみをつうじて、大学の知的生産は教員の専売特許ではなく、学生もおこなえるのだということを表現したのであった。

♠無秩序な力と表現

だが、学生たちの知的生産は、文字どおりの教育に限定されてはいなかった。バリケードはその場にいあわせた学生たちの知恵と想像力の産物であったし、ハンドマイクで演説することも、ビラやタテ看で大学を埋めつくすことも、学生たちの知的な実践の一つであった。ほかにも例をあげればきりがないが、ここではひとつ、ふたつ、ユニークな表現方法を紹介してみよう。たとえば、落書きは学生がもちいていた表現の常套手段であった。

連帯を求めて、孤立を恐れず
造反有理
帝大解体
砦の上に我らが世界を
ニャロメ！
革命でやんす
とめてくれるなおっかさん、背中の銀杏が泣いている
闘魂不滅！

大学ストライキのさなか、学生たちは大学のいたるところに落書きをした。それまで、大学の一設備にすぎなかった校門、校舎の壁、コンクリートの塀、学長室の扉が、とつぜん学生たちの表現の場に変わっていく。「言葉の秩序」の象徴であった大学が、学生たちの無秩序な無数の表現でみちあふれた。1968年当時、武蔵野美術大学にいた戸井十月は、後に落書きについて次のように述べている。

落書きの便利なところは、その神出鬼没性と匿名性にある。大した道具もいらず、いつどこにでも描き込めるし、署名を残して責任を取る必要もない。そして一旦それが描き込まれれば、誰かの手によって消されるまで永遠に自力でメッセージを流し続ける。この無責任さと便利さが、タダの人をして一人の表現者に発展させる大きなきっかけをつくるというわけだ[8]。

落書きはいつでもどこでもだれにでもできる表現であった。文章や絵画を作成する力能が、ひとにぎりの小説家や詩人、芸術家に専有されてきたのだとしたら、それを有象無象の人たちが勝手につかってしまうこと。学生一人ひとりが表現者となり、好きな表現を好きにしてしまうこと。落書きは、バリケード、ビラ、タテ看、ハンドマイクとおなじように、自分の言葉は自分で語るという学生たちの強い意志表示であった。ポスト工業化社会が「言葉の秩序」を土台にしていたとしたら、落書きする表現者たちはそれをただぶち壊すことだけを考えていたのである。

もうひとつ、ヘルメットをとりあげてみたい。1960年代末の学生叛乱といえば、たいていヘルメットをかぶ

♠ ♠ ♠ ♠ ♠

8 戸井十月『旗とポスター』晶文社、1978年、43-44頁。

り、覆面をした学生が想起される。いうまでもなく、ヘルメットは頭部をまもる防具である。しかし、どんなに良いヘルメットだったとしても、一、二回、打撃をくらえば壊れてしまう。だから、なにもかぶらないよりはましであるが、さすがに物理的防御という点では限界があった。むしろ、学生たちがヘルメットにひきつけられたのは文化的側面からであり、「イザとなれば、ゲバルトも辞さない」という意思表示をしたかったからである。

さらにおもしろいのは、ヘルメットが学生のヒロイックな覚悟を示していたばかりでなく、学生一人ひとりの個性をあらわし、お互いの存在を確認しあうコミュニケーションのツールとなっていたことだ。たとえば、学生は自分たちのヘルメットに色を塗り、文字を書きこむことで、みずからのアイデンティティを示そうとしていた。政治セクトについていえば、白ヘルは中核、Zマークは革マル、青ヘルは社青同解放派、カマトンカチは第四インター、黒ヘルはノンセクト、等々。しかもはじめは、こうした特定の政治セクトにかぎらず、学生一人ひとりが工夫をこらし、自分なりのヘルメットをかぶって、デモや集会に来ていたという。

今でこそ、ヘルメットはセクト学生の専売特許みたいになり、一人一人の個性や意志より、集団としての力を記号化するようになってしまったが、68年から70年の頃には、それは実に多様な個性を表現する小道具として存在していた。

ピンクに水玉模様があるかと思えば、黒地にニャロメが踊っているのもあった。アメ横の中田商店あたりから買ってきたドイツ軍の鉄カブトを黒く塗ってかぶっていた高校生もいたし、バイク用のヘルメットに餅焼き網をつけていたゲバルト部隊もいた。銀色のヘルメット部隊が目に入れば、「日大芸闘委の連中だ」と拍手を送り、見たことのない色のヘルメット部隊が通れば、「あれは、どこの大学の奴等だ?」と、近くの人間たちに聞いたりもした。そこでコミュニケーションが生まれ、情報が伝達された。

又、一個のヘルメットをナイフで削り、何層にも重ねられたスプレーペンキの色の断層を見ることで、そのヘルメットの主が、どんな運動的経過を経たのか、あるいは、そのヘルメットが、どんな人間たちの手に渡ってきたのかを知ることもできた。

様々な記号を内包した実に便利な道具であり、人は又、そこに自分だけの記号――メッセージを込めようとしたのだった。そして、それら無数のヘルメットが個々に信号を出し合い、無言のメッセージが集会場や街路を飛び交っていた。一見収拾のつかない風景ではあったが、それらが集まり、融合し合って、ひとつの大きなメッセージを街に向かって発していたことも又事実であった。

この、バラバラで無秩序なエネルギーと表現が、私たちの、とりあえずの力と可能性だと思う[9]。


学生たちはヘルメットをつうじて、無尽蔵にわきあがってくる表現への欲求を、そっくりそのままおもてにあらわそうとしていた。ふだんデモや集会をひらいても、そこにいる全員が演説をしたり、コールをしたりすることはない。たいてい、しゃべるのは団体の代表者だけである。大学にいても街頭にいても、「言葉の秩序」はどこにでも存在している。だが、ひとたびヘルメットをかぶれば状況が変わる。無言ではあるが、しかしそれぞれの思いをこめたメッセージが、その場にとびかっていく。バラバラで無秩序なエネルギーと表現。学生たちは「言葉の秩序」をこえて、自分たちがいるその場に、無秩序の秩序を創出しようとしていた。

♠ ♠ ♠ ♠ ♠

9 同前、68 - 69頁。

♠集団的表現としての暴動

もうすこし文脈をひろげてみよう。当時、全共闘の大学ストライキに影響をあたえたといわれているのが、第一次・第二次羽田闘争、佐世保エンタープライズ寄港阻止闘争、王子野戦病院反対闘争であった。とくに、王子野戦病院反対闘争は、激しい暴動状態になったことでよく知られている[10]。1968年初頭、東京都北区の王子は、ベトナム反戦の主要な舞台となっていた。当時、アメリカはベトナム戦争の負傷兵を日本で手当てさせようとしており、そのための病院を王子に開設しようとしていた。これに反対しようと、三派全学連や反戦青年委員会は数千人の部隊をひきつれてデモや街頭情宣をくりかえした。ヘルメットをかぶり、角材をもった青年たちが機動隊と小競り合いをくりひろげる。王子の地元市民が衝撃をうけたことは、想像にかたくない。

ちなみに、反戦青年委員会とは「反戦」を軸につくりあげられた青年労働者のネットワークである[11]。このネットワークの特徴は、青年一人ひとりの自律性に重きをおいていた点である。職場では企業支配が徹底され、労働者の自由がほとんどきかない。また、労働組合ではトップダウンの指揮系統が存在し、末端の青年労働者に自由はない。労働組合としてデモに参加することはあっても、それはあくまで組織動員であり、ただ形式的に歩かされるばかりである。しかし、デモにいくかどうかくらい自分で決めたいし、どんな行動をするのかも自分たちで決めたい。反戦青年委員会は、そんな自由への渇望からうまれたといってもいい。もちろん、青年労働者が言うことをきかなくなるのだから、組合執行部がいい顔をするわけがない。機動隊とやりあい逮捕者でもだせば、厳しく非難されるだろう。だから、青年労働者が反戦青年委員会として街頭にでることは、それなりの覚悟が必要とされること

♠　♠　♠　♠　♠

10　以下、王子野戦病院反対闘争については、小熊英二『1968　若者たちの叛乱とその背景（上）』（新曜社、2009年）の第8章が参考になった。

11　反戦青年委員会については、高見圭司『反戦青年委員会――七〇年闘争と青年学生運動』（三一書房、1969年）を参照のこと。

であった。全共闘のハンドマイクとおなじように、青年労働者が街頭に登場するということは、それだけで自律性を表現していたのである。

さて当初、王子にあらわれた学生や青年労働者は、マスコミの流した「暴徒」というイメージが強く、地元市民からはひじょうに恐れられていた。だが、いざ機動隊と衝突しているシーンが目撃されると、それほどの暴徒ではないことがわかってくる。むしろ、機動隊の暴力のほうがめだち、見物人からは「そこまでするのか」と非難の声があがるようになった。デモをくりかえすたびに、「純粋な正義感」を感じさせる学生は共感をよび、市民から好意がよせられる。ひと月もすると、見物人が学生の味方をするようになり、警官にむかって投石をしはじめた[12]。いまでは信じられないことであるが、全学連の学生が角材をもって機動隊に突進すると、見物人が「やれ！　やれ！」と言って、後ろからバンバン石を投げたそうである。そして、4月1日の夜、王子はついに暴動状態におちいった。

> パトカーが炎上しているのに消防車も近づけない。交番からキャビネットを持出し、書類に火をつける。米軍王子病院近くの北区王子本町周辺は1日夜も数時間にわたって大混乱した。多数の群集も混じって、山谷、釜ヶ崎暴動のようなおもむきすらあった。〔…〕集った群集のなかのかなりの部分が〝反警察的〟な動きもみせ、学生以外に16人が逮捕された。群集は騒ぎのためにふえる一方。この夜も一時は約２０００人にのぼった。サラリーマン風、着流しの中年の男、子どもを背負ったり、子どもの手をひいたゲタばきの主婦。若い娘さん、一般学生など実にさまざま。しかも、これらの群集はヤジ馬根性で右左へと大きく動く。学生たちはこの群集をかくれミノとして利用する。そしてその中からの投石……。警官隊は「どうにも手が出な

♠　♠　♠　♠　♠

１２　「都心に入ってきたベトナム戦争」、『朝日ジャーナル』１９６８年3月24日。なお、この闘争のようすは、You Tube（https://www.youtube.com/watch?v=3YzqvgL_Btk）でみることができる。

い」となげく[13]。

これは翌日の朝日新聞の記事である。およそ2000名の群衆が続々と姿をあらわし、警官に石を投げつけ、パトカーに火をつけ、交番を破壊する。いちど火のついた群衆の騒ぎは、どうやってもおさまりようがない。まさしく都市暴動がおこったのである。当時、おもにべ平連（ベトナムに平和を！市民連合）で活動していた井上澄夫は、当時の様子を以下のように回想している。

で、一番最初に戻ると、最初僕が住民なら住民、労働者なら労働者とかで驚いたのは、王子野戦病院撤去闘争の時なんですよ。というのは、魚屋のアンちゃんとか、寿司屋のアンちゃんとかが、ぞろぞろ出てきて、機動隊が目の前に並んでいるところでね、敷石をバンバン割るわけよね。ものすごくでっかい子供ぐらいの石をつくって、機動隊の2、3メートル前までいって、ジュラルミンの盾めがけて、投げつけているわけ。学生はやらないわけね、そういう感じでは。学生は集団でやるわけよね。これはなんだろうと思ったね、あのバイタリティは。もうやけくそと言えばやけくそなんだけども（笑）[14]。

この回想を読んでわかるのは、王子野戦病院反対闘争が反戦運動の枠をこえていたということである。もはや街頭闘争の目的は、ベトナム戦争に反対することではなくなっていた。暴動にくわわる群衆にとって、大切なのは政治内容ではない。かれらは警官に投石することがおもしろかったのであり、投石自体が目的だったのである。回想

♠♠♠♠♠

13　「群集をかくれミノに」、『朝日新聞』1968年4月2日。
14　津村喬がおこなった井上澄夫へのインタビュー。「自主講座　反公害輸出の闘い」、『全共闘』五月社、1980年、155頁。

にも魚屋や寿司屋の兄ちゃんがでてきたが、ほかにも町工場の若い工員や不良少年が「面白い、面白い」とはしゃいで、警官に石を投げつけていたという話もある。反戦青年委員会のメンバーもそうであったが、ふだん若者は職場や学校の規則でがんじがらめになり、自分でものを考え、自由に行動する余地がほとんどなかった。家に帰ってもおなじことだ。せっかく金をかせいでも、遊びについやす時間がほとんどない。やれることといえば、企業が提供するレジャーにいそしみ、ムダに買い物をすることくらいだ。仕事から私生活にいたるまで、なにもかもがはじめから決定されている。

若者はいつでもどこでも秩序にしたがわされているのであり、街をふらついていても受動的な消費者、観客でしかなかった。そんなとき、目のまえでヘルメットをかぶった学生たちが、警官めがけて突進している。心躍らないわけがない。とりあえず、おもいきり石を投げてみる。標的は、秩序の象徴である警官だ。おもしろい。しかも、全学連のように秩序だった動きをしたのではつまらない。思いのままに石を放つこと。秩序にしたがうのではなく、むしろ無秩序の秩序を創出すること。暴動は自分を縛りつけている秩序をうちくだきたい、自分のことは自分でやりたいという若者たちの集団的自己表現であった。そして、そう考えると、この暴動が全共闘に影響をあたえたことは容易に想像がつく。街頭とおなじように、大学もまたひとつの都市空間である。それが支配にさらされているとしたら、学生がやるべきことは決まっている。大学を暴動状態におとしいれること。ありったけの自己表現をおこなうこと。大学ストライキは、こうした都市的実践のひとつなのであった[15]。

♠ ♠ ♠

♠♠♠♠♠
15　矢部史郎『原子力都市』以文社、2010年、176頁。

労働者による最初の転覆の試みの後に、いまや、資本主義の豊かさの方こそが挫折したのである。西欧の労働者の反組合的闘争がまず何よりも組合によって鎮圧され、若者の反乱の潮流が投げつけるかたちにならない最初の抗議の声のなかに、それでも、専門化された古い政治に対する拒否、芸術や日常生活に対する拒否が直接に含まれていることを見ると、そこには、犯罪の様相の下に開始されている新たな自発的闘争の二つの面があることがわかる。それらは、階級社会に対するプロレタリアートの第二の攻撃の前兆である。いまだに動かぬこの部隊の迷子の子供たちが、変わったはずであるにもかかわらず同じままのこの戦場に再び姿を現す時、彼らは新たな「ラッド将軍」の指揮に従うが、この将軍は、今度は、許容された消費の機械の破壊へと彼らを遣わすのである[16]。

これは1967年に出版された、ギー・ドゥボール『スペクタクルの社会』からの引用である。文中にでてくる「ラッド将軍」というのは、ラッダイト運動の伝説的指導者とされるネッド・ラッドのことである。かつて、ラッダイトは工場の機械を破壊した。だが、いまでは社会全体がひとつの工場であり、芸術も教育も、日常生活のすべてが工場の機械となっている。わたしたちはいま「消費の機械」を破壊しなければならない。また、生産の場では労働組合さえも工場の一部となり、賃上げとひきかえに経営者に協力的になっている。もはや労働組合も機械でしかなく、労働者が破壊すべき対象である。だから、いま必要なのは生産から消費にいたるあらゆる生活領域で、第二のラッダイト運動をはじめることである。こうしたドゥボールの視座が、パリの五月革命の先駆けであったことはまちがいないし、ヨーロッパばかりでなく、日本もふくめて世界共通の考えかたであったことは容易に想像がつ

♠　♠　♠　♠　♠

16　ギー・ドゥボール『スペクタクルの社会』（木下誠訳、ちくま書房、2003年）105‐106頁。

くだろう。

日本でも世界でも、学生は大学という機械をラッダイトしようとしていた。学生は将来、サラリーマンになることを運命づけられており、そこに口をはさむ余地さえあたえられていない。それならば大学にバリケードをはり、授業をとめてしまえばいいのではないか。とめてゆっくりと考える。自分はどう生きたいのか、自分に必要な知識はなにか、自分が思っていることはどう表現すればいいのか、と。そして、ひきこもった空間から、学生たちは自分たちの表現を爆発させた。自主講座、ハンドマイク、落書き、タテ看、ヘルメット。自分がうけたい授業を自分でもよおし、話したいことを話し、描きたいことを描き、好きなかっこうを好きにしてみる。学生たちはその表現をつうじて、自分のことは自分で決められる、自分は偉大であるということを肌で感じとったのであった。大学ストライキは、学生たちのめいっぱいの文化的表現であり、みずからの自律をつかみとるきわめて政治的な行為だったのである。

政治的というと、政党や労働組合、圧力団体を思いうかべてしまうかもしれない。たしかに、これらの組織がやっているのは政治であるが、しかし、それは理想的な政治目標にむけて人びとを動員する政治である。正しい指導者が、その他大勢を導くこと。大学の権威的構造とおなじで、教える／導く側と教えられる／導かれる側のあいだに、明確なヒエラルキーが存在している。それは支配秩序というべきであり、決してうけいれることはできない。新旧左翼のセクトであろうと、すぐれた指導者がいようと関係はない。自分の言葉は自分で語る。ただ一つの卓越した言葉にしたがうのではなく、百の、千の、万の言葉を自由にうみだしていくこと。内容にしても表現にしても、縛られるものはなにもない。学生たちは自由にふるまい、そのふるまいをつうじて、自己の尊大さや自律の感覚を得ようとしていた。大学ストライキは組織の政治を否定し、まったく別の、政治的なものをつくりだそうとしていたのである。

そうはいっても、大学ストライキがずっとこの論理で動いていたわけではない。ストライキが半年、１年と長引くにつれて、学生たちの疲労はだんだんと増していく。そんななか、いつも自分でものを考え、表現に工夫をこらすのはほんとうに大変なことだ。いっそ組織に身をゆだねてしまったほうが楽ではないかと思えてくる。それはそうだ。疲れはて、どうしたらいいかわからなくなったときに、自分たちといっしょに革命をおこして、国家権力を奪取すれば、世界の矛盾のすべてを解決できると、自信満々で説いてくるのだから。たとえば、日大全共闘にしても、時間がたつにつれて組織の政治が強くなった。大学ストライキが勝てないのはなぜか、それは国家の圧力がはたらいているからだ、それならば、まずは全国的な政治闘争をくんで、国家権力を奪取しなければならない、と。気がつくと、大学ストライキはその本来の意味を見失っていた。文化的表現がより大きな政治の一コマでしかなくなってしまったのである[17]。

しかし世界的にみても、１９６０年代末の大学ストライキが、その後の社会運動の先駆けになったのは事実だろう。ウーマンリブ、エコロジー運動、住民運動、コミューン運動、労働者自主管理、等々。日常生活に浸透した工業化のメカニズムをいったんとめて、まったく別の生のありかたを模索すること。やっていることは大学ストライキとおなじだ。ラッダイト。もちろん、社会の工場化はとまっておらず、現時点からしてみれば、むしろすすんだといってもいい。日常生活についていえば、友人と会話をしたり、恋愛をしたり、読書をしたりすることが、仕事でサービスをふるまう能力と直結するようになっているし、大学にしてもいまではかんぜんな就職予備校となり、大学それ自体も知的商品をうみだす巨大企業となっている。だが、こうした現状をふまえたとしても、第二のラッ

♠　♠　♠　♠　♠

17　三橋俊明『路上の全共闘　１９６８』（河出書房新社、２０１０年）を参照のこと。

ダイト運動が無意味であったということはできない。よく考えてみると、この運動がはじまってから、まだ50年しかたっていないからだ。わたしたちの日常をとりまいている機械が、より狡猾で巨大になったのだとしたら、わたしたちは**より姑息なラッダイト**を無数にひきおこせばいい。そのために、いままで以上の知性と想像力が必要になったのであれば、もういちど大学をとめて、文化的表現の実験をおこなえばいい。すでにアメリカやヨーロッパでは、学生たちが行動を開始している。大学生、機械を壊す。新しいラッダイトはまだはじまったばかりだ。

19/03/2009 paris / Photo by YFR

第4章◆悪意の大学

学費や奨学金の問題は、ただカネの問題にはとどまらない。それは大学の授業内容や、学生生活をおおきく変容させてきた。はっきりいえば、学生にしても教員にしても、カネのために、就活のためにといわれて、自由にものを考えたり、それを行動にうつしたりする機会をうばわれてきたのである。本章では、そのプロセスを検討していこう。

大学の病理的雰囲気

1970年代から授業料値上げがはじまり、大学教育は知的商品という性格をたかめてきた。商品のよしあしは、よりよい就職ができるかどうかできまる。学生は知的商品を購入し、自分磨きにはげまなくてはならない。ほんらい、ひとの知的活動はどんなものであってもいいはずだが、それが認知的労働なるものに切り縮められてしまう。もちろん、ひとの自由なふるまいがなくなることはないのだが、カネがでているかどうかで、まちがいなくそこに優劣のはかりがかけられる。就職のための自己鍛錬。そこにやりがいをかんじるひともいるかもしれないが、たいていのひとは、そんなバカバカしいことやってられない、やったとしても就活のためのたてまえだとおもっているだろう。でも、やらざるをえない。なぜかというと、借金があるからだ。授業料値上げにともなって、奨学金事業が拡大された。拡大といっても、利子つきの借金が増えただけのことであり、卒業生たちは、カネを返すために、いやでもはたらきつづけなければならない。借りたものを返せないのは、不道徳であり、ひとでなしであるとおもいこまされているからだ。奨学金を借りていなくても、社会人になってから、車や家のローンをくんだらおなじなのだが、奨学金はまちがいなくそのふたつとならんで、日本の三大ローンのうちのひとつである。

認知的労働と負債は、つかずはなれず呼応しあっている。これが大学の「病理的雰囲気」をかもしだしている。もちろん、とつぜん大学がそんな雰囲気につつまれたわけではない。１９８０年代から、学費と奨学金、ようするにカネをテコにして、いくつもの大学改革がおこなわれ、それがボディーブローのようにきいてきて、現在のようなちょっとおかしな状況をうみだしたのだ。その改革の柱となったのは、おおよそつぎの５点である。

① 大学の就職予備校化
② 大学院重点化政策

③　国公立大学の「民営化」
④　教職員の非正規化
⑤　学生の自主活動の規制

大学はたかい授業料にみあった教育をほどこさなくてはならない。具体的には、企業の経済活動に役だつような知識を提供し、学生の就職活動をあとおしすることがもとめられる。大学院もおなじであり、高度な知識をもった労働者をたくさんそだてられるようにしなくてはならない。また、大学は認知的活動をおこなうひとつの企業であり、採算性を重視するのがあたりまえとされる。国公立大学の公的性格がそれをこばんでいるのだとしたら、そんなものは破壊しなくてはならないし、国公立大学にかぎらず、採算のとれない学問分野でもあれば、そんなものは削らなくてはならない。雇用のありかたも、おなじことだ。非正規雇用が好まれる。そのつど、学生の多様なニーズにこたえられる教育がもとめられるから、それにおうじて教員もいくらでもいれかえられなくてはならない。また、学生にもおなじ論理にしたがってもらわなくてはならない。大学は、よりよいサービスを提供する空間なのであり、その企業イメージを損ねるような自由奔放さはとりしまらなくてはならない。サークル活動にしても、自治寮にしても、学生は大学のスペースをいかして、ここはみんなのものだといいがちだけれども、そうではない。大学は一企業の私的空間なのである。学生の自主活動なんてどうでもいい、とにかく学生はよい企業に就職して、大学の企業イメージをあげてくれればいいのである。そうすれば、また新年度に学生があつまってぼろもうけ。でも、そんな大学改革がすすめばすすむほど、大学は「病理的雰囲気」でむしばまれていく。以下、1980年代以降の大学改革についてみていこう。

大学設置基準の大綱化

1984年8月、国会で臨時教育審議会設置法案が成立し、臨教審（臨時教育審議会）が設置された。それまで教育改革といえば、文部大臣の諮問機関である中教審（中央教育審議会）が中心であったが、まったく改革がすすんでいない。そこで、当時首相であった中曽根康弘はしびれをきらし、内閣直属の審議会をたちあげて、みずからのリーダーシップのもとに改革を断行しようとした。そして1987年9月、この臨教審の答申をうけた文部省は、大学審議会を設置する。ここから、1970年以来議論されてきた大学改革が実行されていくことになる。

まず、1991年、大学審議会は「大学教育の改善について」という答申をだした。この答申をうけて、大学設置基準の大綱化がおこなわれる。大綱化といわれるとわかりにくいかもしれないが、かんたんにいえば、大学の設置基準が改正されたということである。その内容はつぎのようなものだった。

①一般教養科目と専門科目の区分規制の廃止
②一般教養内の科目区分規制（人文・社会・自然、語学、体育）の廃止

もともと、戦後の大学システムは一般教養科目と専門科目とに区分され、履修単位の基準も国が一律できめていた。大学からすれば、ほんとうは産業界のもとめる専門科目だけを設置したいのだが、国のさだめる基準でそんなことはできない。しかも、なにかきちんとした理念があって科目区分がなされていたわけではなく、一般教養は理系学生もふくめて知っておくべき教養くらいの位置づけしかなされていなかった。そのため、従来の科目区分規制は、画一的、かつ形骸化した教育システムの象徴とみなされ、すでに1970年代には、一般教養はいらないというはなしまででていた。

そう考えると、1991年に大学審議会が科目区分の廃止をうちだしたのは、とうとつなことではなかった。だが、注意しなくてはならないのは、1970年代と90年代とでは廃止の理由がことなることだ。70年代、科目区分がいらないとされたのは、産業界が専門科目だけをもとめていたからである。当時、大学にもとめられていたのは、官僚や弁護士、中間管理職、中堅技術者など、一定の自律性をもった特定分野の専門家をそだてることであった。このころからすでに「個性尊重」という用語はもちいられていたが、教育内容はあくまで専門知識の付与が中心であり、人間の汎用的なスキルについては意識されていなかった。

これにたいして、1990年代になると、あらゆる人びとが「イノベーション、言語、コミュニケーション」をつかいこなせなくてはならなくなっている。認知資本主義がひろまるにつれて、特定の専門知識ばかりでなく、一人ひとりの個性や創造力をいかしたはたらきかたがもとめられるようになった。これにおうじて、大学でも専門科目ではなく、教養科目が重視されるようになった。しかも、従来の教養とはことなり、市場競争を前提とした「新しい教養」がもとめられるようになった。２００２年になると、中央教育審議会は「新しい時代における教養教育の在り方について」という答申をだし、「新しい教養」とはなにかということをはっきりうちだしている。

① 主体性ある人間としての自立する力、新しい時代の創造に向かう行動力、他者の立場に立つ想像力
② グローバル化にともなう異文化理解とそのための語学能力
③ 科学技術についての理解とそれらの技術にかんする倫理的判断力
④ 国語力としての古典的教養
⑤ 礼儀作法をはじめとする身体的修養

ようするに、「新しい教養」とは人間の認知的能力のことである。ここに書かれていることを露骨にいってしまえば、企業の経済活動に役だつ「問題解決能力」「情報処理能力」「コミュニケーション能力」のことだといってもいい。たとえば、問題解決能力とは、キャリアプランニングやインターンシップ、フィールドワークをつうじた職業観の育成のことであり、情報処理能力とは情報機器の操作方法のことであり、コミュニケーション能力とは、企業でつかえそうな実用英語や日本語の言葉づかい、礼儀作法などのことである。１９９１年の大学設置基準の大綱化をきっかけとして、大学は認知資本主義に適応

したものへと変化したのであった。

大学院重点化政策

１９９１年、大学審議会は大綱化とまったくおなじ年に、「大学院の整備充実について」「大学院の量的整備について」という答申をだした。いわゆる大学院重点化政策である。もともと、大学院の量的拡大については、１９８６年の臨教審・第二次答申で示唆され、その後、ゆっくりと院生の入学者数が増加してきた。91年の答申は、それをさらにおしすすめて、２０００年までに院生数を2倍にするというものであった。じっさい、これら二つの答申をうけて院生の数は激増しており、１９８５年の時点で7万人であったのが、２００６年になると26万人をこえている。おどろくことに、この20年間で院生の数は4倍ちかくも増加しているのである。

しかし、なぜこれほどまで大学院を拡大しなくてはならなかったのだろうか。おおきくいって、答申ではつぎの４点が理由としてあげられている。

① 学術研究の飛躍的な発展にともなう創造的研究者の需要拡大
② 企業における高度の専門職業人にたいする需要拡大
③ 海外からの留学生受入れの増加
④ 対学部生比率でみた大学院生数のすくなさ

ようするに、理工系のすぐれた研究員を育成し、新技術の開発や特許の獲得をおこなうこと、そして企業が院卒レベルの高度な専門能力をもとめているのが理由である。もちろん、企業の需要といっても、これといった基準はなく「企業の人材需要は必ずしも数量的に明確な把握はできない」とされていたのだが、それでも大学審議会は大学院拡大の指示をだした。これをうけて、文部省は「大学院の教育システムを改善したら、その大学には予算を25％増やす」と公言したのである。

まっさきに行動をおこしたのは東大法学部である。東大法学部は全教官を大学院の教官へとシフトさせ、そのうえで大学院の教官が学部の教官を兼務するという形式をとった。それまで大学は学部がメインであり、大学院はその付属物でしかなかったが、その関係を逆転させたのである。これをみて、他の大学もわれさきに予算獲得をしようと、東大とおなじような大学再編をおこなった。とはいえ、定員数を割ってしまっては文部省から評価されない。だから、定員に満たなかった場合には、二次募集をしたり、社会人入学を推奨したりして強引に人数を増やしていった。大学院を充実させなければ、国から助成金や研究費がおりてこない。そう考えれば、おおくの大学がこぞって大学院生を入学させていったことは想像にかたくない。

だが、こんにちにいたるまでに、大学院重点化政策は「ポスドク問題」「高学歴ワーキングプア」などの問題をひきおこすことになった。考えてみればあたりまえなのだが、大学院で博士号をとる人数が増えたとしても、とつぜん大学教員のポストが増えるわけではない。大学には、博士課程をでても就職先がない人びとがあふれかえることになってしまった。いま理工系におおいポスドク（任期付きの博士研究員）や文科系におおい専業の非常勤講師は、およそ4万1000人におよぶ。さらに、そうした職にもつけずに、フリーターになっているひとは博士号取得者だけでもその数倍はいるといわれている。

じつのところ、1996年にはこの問題に対応するためとして、「ポストドクター等1万人支援計画」（ポスドク1万人計画）というのがだされている。これは、第一期科学技術基本計画の一環として「若年研究者層の養成、拡充等を図る」ことを目的とした計画であった。その中心となったのが、日本学術振興会の特別研究員制度であり、この制度の規模拡大によって問題解決をはかろうとしたということができる。特別研究員には、いくつかの種類があるが、たとえばPDとよばれる博士学位取得者を対象とした枠に採用されると、博士課程在籍者で月20万円ほど、博士号取得者で月36万円ほど、さらに年間150万円以下の研究費が支給される（2008年度）。しかし、その恩恵にあずかれるのは、毎年ほんの数パーセントにすぎず、3年または5年の任期付きなので、けっきょく、そのあとはフリーターにもどらざるをえない。正直なところ、ポスドク1万人計画はおおくの院生やポスドクにとって、支援にはなっておらず、根本解決にはほど遠いのである。

都立大学の解体

その後、大学改革は、2001年4月に成立した小泉純一郎内閣によっていっきにすすめられた。「構造改革」をかかげたこの内閣は、竹中平蔵経済財政担当大臣のもとで経済財政諮問会議をひらき、国公立大学の改革を議論の対象とした。従来の大学審議会の枠をこえて、さらに国公立大学の法人化にまでふみこんだのである。ここでは当時、大きな社会問題となった東京都立大学の法人化をとりあげてみよう。

２００３年、国立大学とおなじく、公立大学の法人化法案が通過した。これをうけて、東京都は都立大学の法人化に着手しはじめたが、石原慎太郎都知事の強引なやりかたもあって、学生から教員、都民まで、ひじょうにはばひろい層から反発をうけた。ことの発端は２００３年8月1日、定例記者会見での石原の発表である。この日、石原はとつぜん「都立の新しい大学の構想について」という方針をうちだした。その構想とは、東京都立大学、東京科学技術短期大学、都立保健科学大学、都立短期大学の4大学を廃止して新大学（首都大学東京）をつくり、旧都立大学の各学部と都立科学技術短期大学の一部を教養学部に再編し、都市環境学部、システムデザイン学部、保健福祉学部をもうけるというものであった。当時の都立大総長でさえこの新方針をきかされたのは、記者会見の1時間前だったというから、ほんとうに石原からの一方的な通知だったのだろう。それまで、都立大学は長い年月をかけて、東京都の大学管理本部と相談をかさねながら「大学改革大綱」を準備していた。しかし、石原はこの改革案すらも一瞬にして破棄し、トップダウンで4大学の廃止と新大学のひな型をきめてしまった。

もっとひどいのは、このときの方針のとおしかたである。東京都は当時の4大学のすべての教員にたいして、大学管理本部がうちだす提案にしたがい、それをいっさい口外しないように約束させる同意書を提出させた。これによって、東京都は教員たちが大学改革を批判するのを封じこめ、しかもそれが教員みずからの意思であるという体裁をととのえたのである。これがうまくいけば、東京都はだれからも口をはさまれることなく、大学改革を遂行することができる。だが、こうしたやりかたにたいして、都立大学からは反発がおこり、２００３年10月7日には、総長が代表して「新大学設立準備体制の速やかな再構築を求める」という抗議声明をだした。２００４年1月27日には、都立大学の意思決定機関である評議会が「新大学の教育課程編成に係る責任と権限について」という抗議声明をだしている。二つ目の声明をみてみよう。

新大学は実質的には現大学のいわゆる改組・転換であるにもかかわらず、教育課程の再編などの作業が、現大学の意思決定機関である評議会、教授会の議を経ずに進められている。さらに教員組織がその教育責任を全うする上で障害となる様々な制度が、相変わらず現大学の意見も求められないまま具体化されようとしている。これらが大学教員組織の権限を侵していることは明らかであり、また新大学が大学としての教育責任を十分に果たし得ていないことにつながるものとして強く憂慮される。

大学改革をすすめるのに、東京都が大学関係者の意見をまったくきいていなかったことがわかる。この改革で、東京都が重視していたのは、あくまで産業振興への貢献と経営効率であった。具体的にいえば、実学教育の重視と不採算分野の廃止である。首都大学東京で構想された都市環境学部やシステムデザイン学部、保健福祉学部というのは、まさしくこういったことが意識されたものだろうし、さまざまな学部を都市教養学部に再編したのも人文系の不採算科目をカットするという意味があったからだろう。当初から、石原は再編にあたって、都立大学のなかでも人文学部、とくに外国語学科は「採算がとれない」「役に立たない」として目のかたきにしてきた。学生数にたいして、語学教員の数はあまりにおおいし、そもそも実用語学以外は必要ないとみなされたのである。

だが、じっさいのところ、外国語学科の教員がおおかったのは、かれら、かの女らが全学部の語学をまかなっていたからであった。また、実用語学といっても、10年後、20年後、どの国の言語のどんなもちいられかたが「実用的」になっているのかはわからない。それなのに、いま多様に存在している語学の基礎研究を削ってしまったら、未来の実用語学の可能性さえ切り捨ててしまいかねない。しかし、こうした反対意見にたいして、石原は「フランス語は数を勘定できない言葉だから国際語として失格しているのも、むべなるかなという気がする。そういうものにしがみついている手合いが反対のための反対をしている。笑止千万だ」と述べた。どう考えてもよまいごとにしかおもえないのだが、そんな主張をもとにして、２００５年４月、ついに首都大学東京は開校にふみきった。

非常勤講師の大量リストラ

２００４年、国立大学法人化がスタートするなかで、埼玉大学がおどろくべき方針をうちだした。２００６年までに、英語以外の科目をうけもつ非常勤講師をおよそ60％カットするとしたのである。とくに1、2年生の人文系科目やドイツ語、フランス語などの第二外国語がカットの対象となっていた。非常勤講師というのは、アルバイトで授業をうけおう教員のことである。授業1コマごとに時給換算で賃金が支払われ、専任教員とおなじだけ授業をこなしても、年収が200万円をこえることはない。こうしたはたらきかたは、ほかの非正規労働とおなじように、1980年代から徐々にふえはじめ、現在、全国平均でみると、大学授業の約40％を非常勤講師が担当するようになっている。

さて、埼玉大学の田隅《たずみ》三生学長（当時）は、当初、非常勤講師の大規模リストラは、文科省から支給される予算が、2億4500万円から1億6000万円にカットされたからだと述べていた。そして、この予算でやっていけるのは必修科目の英語だけであり、それ以外の外国語は切らなくてはならないとしていたのである。しかし、非常勤講師の労働組合が、別件で文科省におもむいたところ、埼玉大学が完全にウソをついていたことがわかった。国立大学への非常勤講師予算は従来どおりに配分されていたのである。では、その差額はどこに消えたのだろうか。2004年9月1日、田隅学長はみずからその使途をあきらかにしている。かれはこれまでの主張をくつがえし、大量解雇の理由は「特色ある大学づくり」のために経費がかさむからであると公言したのである。

特色ある大学づくり。かんたんにいってしまえば、大学を就職専門学校にするということ、大学をもっと企業の人材育成に貢献させるということであった。そのためには、企業の経済活動に不必要な科目を削っていかなくてはならない。たとえば、語学についていえば、首都大学東京とおなじように実用英語だけやっていればいい。フランス語、ドイツ語などの第二外国語は、就職活動に役にたたないのでカットする。そして、その浮いたお金でコンピュータなどの設備をととのえる。学生たちは授業で情報処理をまなび、またコンピュータを利用してＴＯＥＩＣなどの試験対策をする。19世紀から20世紀にかけて、工場労働者が機械設備の近代化によってリストラされたが、いまでは大学教員が大学の設備投資のために大量リストラされるようになっている。

もうすこし大学非常勤講師の実態をみてみよう[1]。非常勤講師はいくつもの大学をかけもちしているため、その実数をはかるのは難しいが、だいたい全国で２万６０００人くらいではないかといわれている。さきほど、全国の大学授業のおよそ40％が非常勤講師によっておこなわれていると述べたが、首都圏だけでみると60％ちかくにもなる。平均年齢は45・３歳、女性の割合が55％で、平均３・２校をかけもちしていて、90分の授業を週９・２コマほどこなしている。非常勤講師だけでは収入がすくないので、塾や予備校、専門学校でアルバイトをするひともすくなくない。かれらは１日平均２・５時間を通勤時間についやし、いくつもの大学をとびまわっている。もちろん、ただ授業をすればいいというわけではなく、授業前の準備と授業後の対応にも時間はかかり、週３時間以上はついやしている。

非常勤講師の労働環境は、ほかの非正規労働者とおなじように、劣悪で不安定である。１コマあたりの月給は２万円代、平均年収は３０６万円、44％のひとは年収２５０万円未満である。雇用期間は１年間で、翌年も仕事があるかどうかは年末までわからない。また、雇い止めの経験があるひとは、およそ

♠　♠　♠　♠　♠

１　以下、首都圏大学非常勤講師組合・阪神圏大学非常勤講師組合・京滋地区私立大学非常勤講師組合編『大学非常勤講師の実態と声　２００７』を参照した。

50％にもおよぶ。しかし、これだけひどい環境にもかかわらず、非常勤講師は増えつづけている。なぜだろうか。その背景には、まちがいなく大学院生という大量の代替労働力の存在がある。大学院重点化によって、26万人にまでふくれあがった大学院生。かれらはふだん師匠にあたる大学教授の雑務をタダでこなすことに慣らされており、しかも人数が急増したため、専任教員のポストはほとんどない。あるのは、学費をはらうために借りた数百万円の奨学金ローンだけである。そんなかれらが、すこしでも研究にかかわる仕事をするとしたらどうすればいいのか。非常勤講師になること。大学教員の雇用柔軟化は、大学院生という教員予備軍の存在をテコにして、いっきにすすめられたということができる。

早稲田サークル部室の撤去

1990年代初頭から、大学の認知資本主義化がいっきにすすめられた。大学の教育内容が商業的になり、コンピュータや実用英語、資格試験対策のための講座であふれかえる。どんな大学も「魅力ある大学」を自称し、企業の経営者や各界の著名人をまねいてビジネス講座をひらきはじめる。キャンパスの外観もさまがわりし、古い建物はとりこわされ、あたらしい巨大なビルがたてられた。おそらく、いまから10年以上前に大学生だったひとからすると、大学のキャンパスといえば、校舎にきたならしく貼りつけられた無数のビラであったり、ところかまわずたてられた立看板であったり、きたならしい格好をした学生がトラメガで演説をする光景だったりと、雑多で猥雑なイメージをおもいうかべるにちがいない。しかし、いまの大学生であれば、ビラも貼られていないピカピカの校舎であったり、ところかまわず設置されている監視カメラであったりと、クリーンなイメージをおもいうかべるにちがいない。社会人になったOB・OGが、ひさびさに大学を訪問したとしても、ふだんじぶんがかよっている会社とかわらないその風景に、母校のおもかげをみることはできないはずだ。

一見すると、大学のキャンパスがきれいになったことは、よいことのようにおもえるかもしれない。だが、問題はその外観とともに、学生生活も変容させられたことである。もともと、大学がビラや立看板であふれていたのは、学生がサークルなどの自主活動をおこなっていたからである。学生はサークル活動をつうじて、たがいに交流をふかめたり、芸術や音楽にのめりこんだり、読書会や討論会をもよおしたり、あるいは酒を飲んだり、恋愛をしたりする場を自分たちでつくりだしていた。第1章で、大学とは、なんにしばられることもなく、好き勝手に知的活動がおこなわれることだと述べたが、率直にいえば、学生の自主活動こそが大学をつくってきたのである。

だが、「魅力ある大学」をめざす大学当局にとって、学生の自主活動はめざわりな存在でしかなかった。どんなに大学側が知的商品をならべても、おおくの学生が授業にはでずに、自分たちで知的活動をおこなってしまうし、その学生の知的活動は、すくなくとも短期的にみれば、企業の役にたちはしない。さらにいえば、大学当局にとって、キャンパスはどこも潜在的なビジネス空間であり、設備投資によって巨額の富をうみだせるかもしれない土地であったが、学生はそんな空間を勝手に占有し、自分たちの部室だといいはっていすわっていた。キャンパスに散在するビラや立看板は、「大学は学生のものである」とでも誇示しているかのようだ。だから、大学当局はキャンパスの外観をクリーンにするとともに、このめざわりな存在を浄化しなくてはならなかった。

一例として、早稲田大学の部室撤去問題をとりあげてみたい。早稲田大学には、かつてキャンパス内に多数のサークル部室や、ラウンジなどの活動スペースが存在していた。たとえば、西早稲田キャンパス（現、早稲田キャンパス）には、1号館、3号館、6号館、8号館、11号館など、各校舎の地下や最上階に部屋がもうけられ、それを30年ちかくサークル団体が使用していた。サークルはその連合体として協議会をつくり、実質的に部室を自主管理するとりくみをおこなっていた。自主管理といっても、なにかむずかしいことをやっていたわけではない。サークル共通の問題を合議制ではなしあったり、防災や盗難などのトラブル処理や、各館を管理する学部との交渉をおこなったりしていただけである。学生たちは、そうしたサークルスペースをいかしながら、キャンパス内で自由闊達な文化活動をおこなっていた。

私事になりますが、わたしは88年4月にそれまで育った尾張の農村をあとにして、青雲の志を抱きつつ、頬を赤らめて早稲田大学へと入学しました。入ってみてまず驚いたのが、自由溢れるキャンパスの雰囲気と学生が生み出す活気でした。数々の立て看が所狭しと立ち並び、トランジスタメガホンで情宣をしている左翼もいれば、ミニコミ誌の出店を出している人、ダンスパーティーの券を売る軟派学生、劇団公演のチラシを配る演劇青年など、さまざまな学生たちがおもいおもいに自己表現や主張を繰り出していました。管理教育が厳しいといわれる県で教育を受けてきたので、その対極ともいうべき大学の雰囲気に圧倒されました。大学に入った途端に、自由の空気を胸いっぱいに吸えたような気がして、ふと冒頭の格言（都市の空気は自由にする）[2]をおもいだしました。そして当時の自分の心境からおもわず、「大学の空気は僕を自由にする」という洒落ともつかない文句が口を突いて出たものです。先輩や同級生たちのユニークな活動に刺激されながら、まさに「管理の申し子」のようであったわたしが、大学の空気によって「自由」にしてもらったといっても過言ではありません[3]。

ちょっとながめに引用してしまったが、当時の早稲田大学の雰囲気がひじょうによくわかるだろう。学生の自主活動は、まちがいなく大学がやるべきことを体現していた。だが、管理統制のきかない学生の自由は大学当局から敵視されるようになった。１９９５年になると、当時総長であった奥島孝康は、「教育活動関連施設と課外活動関連施設の分離」をかかげ、大学のキャンパス内やその周辺にあったすべてのサークルスペースを封鎖して、あらたに建設する「新学生会館」に強制移転させることを発表した。このとき、当事者であるサークル団体にはなんの相談もなく、かんぜんに一方的な通知がなされただけであった。

♠　♠　♠　♠　♠

2　中世ドイツの都市法にまつわる格言。封建領主に支配されていた農奴が都市に逃れ、一定期間、領主から帰還要求などの異議申し立てがなされなければ、都市法にもとづき自由な身分をえられた。
3　竹内一晴「空・間・解・放.」、『図書新聞』２５４３号（２００１年７月14日）。

新学生会館は、一つひとつの部屋がせまいばかりでなく、大学が公認するサークルしか入居できず、1年ごとの更新も義務づけられていた。また、ほんのすこし大学当局にはむかいでもすれば、謝罪文の提出がもとめられ、拒否すれば翌年からの使用が認められないとされた。しかも、館内には多数の監視カメラが設置され、カードキーで部室の入退室記録まで管理される。ようするに、徹底的な監視体制がとられ、それまでのような学生の自主管理はいっさい否定されたのである。だから、それまで学内に部室をもっていた多数のサークル団体は、はげしく抗議をしたが、大学当局はまったくきく耳をもたず、そのまま新学生会館への強制移転をきめてしまった。旧部室使用の停止期限とされたのは、2001年の7月31日。このときまで、学内でさまざまな反対運動が展開される。

これにたいして、大学当局は、学生の自主活動をきびしくとりしまる方針をとった。たとえば当時、全国でも最大規模の学園祭であった早稲田祭が中止とされ、以後2002年まで6年間ひらかれることはなかった。文学部では、拡声器をつかった情宣活動がいっさい禁止され、また、ものすごい数の立看板がたちならび、学内広報活動のメッカといわれた大隈銅像まえにしても、すべての立看板が強制撤去されるようになった。また、このころ早稲田キャンパスにはあらたに14号館が建設されたが、学生サークルによる占有をふせぐという名目で、いっさいのラウンジがもうけられなかった。そのため、学生たちは自然発生的にささやかな交流の場をつくったが、それさえも警備員によっておいだされるという状態であった。

この間、大学当局はしきりに「正体不明の学外者集団を排除する」とうったえてきた。サークル活動にはキケンな学外者がたくさんまぎれこんでいるので、かれらを学内からおいだすためにセキュリティを強化しているだけだと宣伝していたのである。だが、当然ながら、こんな理屈が学生たちに通用するわけがなかった。

事実、サークル構成員の社会的属性は多種多様である。ＯＢ・ＯＧ・中退・除籍者・プー太郎・他大・高校浪人などなど。だからこそ早稲田のサークル文化は音楽・演劇・映画など多種多様な分野で大学の枠を越えて豊かな成果を残してきたのだ。早稲田生か否かをことさらに強調し、「学外者」キャンペーンを学内外に垂れ流そうとするこの早大当局の無見識な姿勢は文化体系に対する介入であり、破壊であることは間違いない[4]。

そもそも、早稲田大学のサークル文化が実り豊かであったのは、大学の枠をこえてはばひろい交流をもってきたからであった。あえていうならば、学外者こそがサークル文化の、しいていえば早稲田文化の支柱であったといってもいい。当時、奥島総長は「自由闊達な早稲田文化」を創造しようといい、そのためにも「開かれたキャンパス」「エコキャンパス」を実現しようとなんどもいっていた。だが、「開かれた」のは企業や警察、警備会社にたいしてであり、自由に交流しあう学生にたいしてではなかった。

♠♠♠♠♠

4　早稲田大学１号館地下部室管理運営委員会・８号館地下サークル連絡会「浄化をぶっとばせ‼」、『図書新聞』２５４３号（２００１年７月14日）。

また、「エコ」というのは、さまざまな学生のおもいをふくめた大学環境のことではなく、ビジネス環境という意味でしかなかった。大学当局の方針が「自由闊達」ではなく、むしろそれを押し殺すものでしかなかったことは誰の目にもあきらかだろう。

「部室使用停止期限」の2001年7月31日がちかづくと、多数のサークル団体やOB・OGの団体が、連日連夜、大学キャンパスのなかで部室撤去反対のシンポジウム、ティーチイン、レイブパーティなどをひらいた。このとき、学内の大学教員はもちろんのこと、学外の文化人や政治家からも大学当局を非難する声が多数あがった。あまりのいきおいにパニックをおこしたのか、当時の学生部事務部長が大隈銅像前でひらかれていたレイブパーティに乗用車で突入するという事件もおこっている。そして、7月31日当日になると、およそ3000名ともいわれる学生、教員、支援者が早稲田大学にあつまり、部室を強制封鎖しようとした教職員や警備員と対峙した。結局、この日はサークル部室をまもりきったのだが、翌日から夏休みだったこともあって学生数が減ってしまい、8月10日にはすべての部室が強制封鎖されてしまった。以後、早稲田大学はキャンパス内の監視体制をさらに強化していくことになる。

東京大学の駒場寮問題

ちょうどおなじころ、東京大学では日本最大の自治寮といわれた駒場寮が廃寮になっている。駒場寮の建物は、旧第一高等学校の自治寮から継承されてきたものであり、それこそ60年以上の歴史をもっている伝統的な自治寮であった。ところが、1991年10月9日、東京大学教養学部は臨時教授会をひらき、とつぜん駒場寮の廃寮を決定してしまった。三鷹寮を増築し、あらたに三鷹国際学生宿舎をつくって、そこにすべての寮生を移動させる。そんな計画が、当事者である学生への相談なしに一方的にきめられたのであった。どうも１９８８年、三鷹寮の敷地が大蔵省関東財務局によって「不効率利用国有地」に指定されたらしい。ようするに、三鷹寮の敷地が効率的につかわれていないから、このままだとその国有地を没収するぞとおどされたのである。そこで、大学側は不動産をまもるために三鷹構想というのをうちだして、学生寮を三鷹に一元化しようとしたのであった。

だが、駒場寮の廃寮には、それ以上の意味があった。そもそも学生寮の意義は、学費無償や給付奨学金とならんで、教育の機会均等を実現することにあった。住居費と交通費をなるたけやすくして、学生の経済負担をおさえる。たとえば、１９９７年当時のことになるが、駒場寮の場合は、大学にちかいから交通費はかからず、毎月住居費の５０００円だけですんだ。これにたいして、三鷹宿舎の場合は、住居費だけで毎月２万円かかり、交通費も２２００円もかかる。また、水道・光熱費についても、駒場寮では半額が学部もち、もう半額は寮自治会が負担するという形式をとっていた。もともと、駒場寮では水・光熱費はすべて学部負担であったが、１９８４年に受益者負担の原則が強調され、半額負担をおしきられてしまった。だが、それでもかろうじて教育の機会均等という理念は保持していたといえるだろう。これにたいして、三鷹宿舎では全額学生負担となり、しかも個人がプリペイドカードで支払う形式をとっていて、もし入金が０円になったら水も電気も自動的にストップしまうという。ふつうに電力会社やガス会社と契約していても、あまりきいたことのないシステムである。

駒場寮のもうひとつの特徴は、自治寮だからあたりまえではあるが、自主管理である。駒場寮の管理運営は、すべて駒場寮自治会がおこなっていた。一定のルールのもとに、入寮選考や財政管理からビラづくりや寮の行事にいたるまで、自分たちで議論して実行するしくみをつくっていた。また、自主管理はこうした制度面ばかりでなく、日常的な寮生間のやりとりでもつらぬかれていた。部屋は基本的に相部屋であり、喫煙にするのか禁煙にするのか、なにを共用物にするのかなど、どんな部屋にするかを同室の寮生どうしで話しあってきめていた。相部屋での共同生活をつうじて、寮生は民主主義の感覚をやしなっていくと考えられたのである。これにたいして、三鷹宿舎では、すべてが個室とされたため、共同生活の経験をすることはできない。こうした点をふまえて、駒場寮自治会は大学側にたいして、つぎのように抗議している。

学部当局は、相部屋は時代のニーズではないなどと簡単に主張しますが、学寮は単なるアパートではありません。生活と切り離せないところから民主主義を実践していく可能性を切り捨ててしまうことは、学寮にとって非常にマイナスなのです[5]。

こうした議論を前提として、寮生たちは大学側への圧力をたかめるために、１９９３年11月19日、

♠ ♠ ♠ ♠ ♠

5 東京大学駒場量寮委員会「駒場寮の意義についての私たちの見解」（駒場寮公式ＨＰ：http://www.komaryo.org/legacy/mondaihen/igi/kaisetsu2.html）より。

廃寮反対の学生ストライキをうった。４日後の23日には、駒場寮内の部室を利用して文学部ＯＧの加藤登紀子をまねき、「駒場寮存続を考えるコンサート」をひらいている。このとき、参加者は４０００名をこえ、駒場寮問題が学内外にしられることになったという。だが、大学側が寮生たちのいいぶんをきくことはなく、１９９５年には入寮募集停止を告示してきた。むろん寮生側はこれをうけいれず、全学投票で７割の賛成をえて「寮存続または学内寮建設」を批准し、96年以降も入寮募集をすることをきめた。

これにたいし、96年４月１日、大学側は廃寮を宣言し、寮生排除の実力行使にとりくみはじめた。翌日になると、とつぜん大量の教職員を駒場寮におくりこみ、「不法に居座る」寮生たちを恫喝し、空き部屋を封鎖し、寮内のガラスをたたきわっている。ヤクザみたいだ。４月８日には、寮生のライフラインであったガスや電気をとめている。97年２月には、大学側が寮生と寮自治会をあいてどって、あけわたしをもとめる仮処分を東京地方裁判所に申請している。寮生たちは自家発電を開始するなどしてねばったが、２０００年３月28日、東京地裁は大学側の請求をみとめ、寮生に駒場寮のあけわたしを命じる判決をだした。これをうけて、２００１年５月31日、東京地裁から強制執行の決定がくだされ、８月22日、寮生は教職員と警備員によって強制的にたたきだされた。ここに、長い歴史をもった駒場寮が幕をとじた。早稲田大学の部室撤去とおなじように、学生の自主活動が大学から排除された一例と考えることができるだろう。

さて、ここまで1980年代以降の大学改革について検討してきた。いまや、大学はかんぜんに「病理的雰囲気」につつみこまれている。どうしたらいいいか。わたしは、そのこたえをしっているのは、いがいと学生なんじゃないかとおもっている。以下、この数年で、わたしが学生からまなんだことを紹介してみよう。

大人用処世術概論

大学の授業料をタダにするべきだというはなしをしていたとき、大学教員をやっている友人にこんなことをいわれたことがある。「どうせ学生なんて遊んでばかりいるわけでしょう。なんで、そんな連中にカネをださなくちゃいけないの?」。たいして勉強もしていない学生たちに、大切な税金をつかうなんてとんでもないという批判である。わたしはふだん温厚なほうなのだが、身近な友人から、しかも酒を飲みながらそんなことをいわれると、このやろうとおもって食ってかかってしまう。ぷりぷりしながら大声をだすのだが、ざんねんながらたいていの友人はわたしよりもあたまがいい。そのときはおもいきり議論でうちまかされ、半泣きになって帰ったのをおぼえている。しかし、いくら負けてもなっとくはしない。ひとことだけいっておこう。くたばれ! 負け惜しみだ。

よく年配者が「さいきんの若者は遊んでばかりいて、なにも考えちゃいない」とグチをこぼしていたりするが、友人がいっていたのはおなじようなことである。もちろん大学に進学しなかった、あるいは大学を卒業してから、もう長い年月がすぎている60代、70代の年配者が、若者を批判したり、学生にカネをだしたくないといったりするのは、なんとなくわかる。むかしは大学か就職専門学校にいかなければ定職につくのがむずかしいという前提はなかっただろうし、大学の授業料にしてもまだやすかった。それこそ高度成長のいいときであれば、ほんとうに遊んでいてもよい就職先がみつかったのだろう。だから、いまの学生の実情を説明しなければ、こころない批判がとびだすのもムリのないことだ。クソじじい死ねとかいってはいけない。心のなかだけにしよう。

だが、信じられないのは、若い世代でもおなじようなことをいうひとがいることだ。しかも、わたしの友人のような大学教員ほど、そういうことをいいたがる。大学にいると、ほかにもこんなグチがきこえてくる。

- さいきんの学生は、アルバイトや就活を理由にして、平気で授業をやすむ。
- 学生のレベルがおちた。いまの学生には自分で勉強する意欲がない。
- 学生が教員評価をするのはおかしい。授業内容もわかっていないくせに。
- クレーマーのような学生や親が増えている。

最後のクレーマーというのは、ようするに大学にたいして過剰な要求をする学生や親がいるということである。これは知りあいからきいたはなしだが、冬にトイレが寒いといって、事務所に文句をいってきた親もいるのだという。また、教員へのクレームが増えているのはたしかだ。わたし自身がまのあたりにしたことでいえば、雑用があって事務所にいたとき、ある学生が怒りで肩をふるわせながら、事務員にこんなふうにうったえていた。「○○先生が授業中、ズボンのポッケに手をいれていました。ふしだらだ、教員失格。上にかけあって、きびしく注意してほしいんですけど」。さすがにびっくりしてしまったが、しかし過剰なまでのこのクレームがいったいなにを意味しているのか、それを考えることは教員にとってひじょうに大切なことだ。すくなくとも、学生の学力低下やモラルをなげくまえに、やるべきことはたくさんあるのではないか。

ここですこし、学生がなにを考えているのか、そして、どんなことに不満をもっているのかを検討してみよう。おそらく、不満という点にしてもなんにしても、いまの学生が、いちばん関心をもっているのは就活だろう。２０１０年ごろだったろうか、たまたま北海道大学をおとずれる機会があった。その前年の11月に「就活くたばれデモ」というのを企画した学生が、キャンパスの案内ついでに、かれらの活動を紹介してくれるというのだ。「就活くたばれデモ」というのは、文字どおり就活に異議をとなえたデモである[6]。北海道大学ではじまり、その後、全国各地でデモがくまれるようになった。

大学３年からはじまる就職活動。採用面接では、コミュニケーション能力や問題解決能力がもとめら

♠ ♠ ♠ ♠ ♠

6　「O瀧さんの暴動ステーション」（http://sunset-strip.cocolog-nifty.com/）および、本書の「巻末特別座談会」参照。

2009年11月23日，「勤労感謝の日」に札幌でおこなわれた「就活くたばれデモ」の模様
（写真提供：就活くたばれデモ実行委員会）

れ、学生は自己啓発本を片手に、まるで宗教にでもはまったかのように自分磨きに必死になる。もちろんそれはしんどいことであるし、不採用でもかさなれば精神的にまいってしまう。

他人から、おまえはコミュニケーション能力がないやつだといわれれば、それは自分の人間性が否定されたことにひとしいからだ。だが、就活にまったはない。大学で就職ガイダンスが開催され、掲示板に企業広告でも貼ってあれば、みんないっせいに就活をするのがあたりまえとおもうようになってしまうし、たとえ違和感をおぼえたとしても、ひとりだけ流れにのりそびれるわけにはいかない。そんな状況のなかで、北海道の学生たちはひとまず「就活くたばれ」といいはじめたのであった。

案内してもらっておもしろかったのは、掲示板のまえで、デモの告知としてどんなビラを貼っていたのかをおしえてもらっていたときのことだ。学生と

2人でたちばなしをしていたところ、たまたまかれの友人がとおりかかった。どうやらデモのメンバーだったらしい。その友人は挨拶をかわすなり、こうきりだした。「いま〝純粋ビラ〟から〝透明ビラ〟へ、っていうのを考えているんですよ」。うん？　最初、なにをいっているのかわからず、おもいきりけげんな顔をしてしまった。すると空気を察したのか、2人はこう説明してくれた。「まえに〝ビラ〟って書いたビラをたくさん貼って、それを〝純粋ビラ〟とよんでいたんです。その純度をさらにあげて、透明のビラをつくったらどうかなとおもって」。

透明ビラの是非はわからない。だが、いっていることはよくわかったし、なんとなくかれらがデモに駆りたてられた理由もわかった。おそらく、かれらがもとめていたのは、自分たちのことを自分たちで表現することであった。就職予備校化した大学が、学生の言葉やふるまいを就職に役だつように方向づけ、つねに他人に評価されることを意識させているのだとしたら、そんなものはいちど放棄してしまって、もっと自由な表現をさぐること、自己表現のスタイルはいくらでもありうるということをしめすこと。大切なのは、表現内容ではなく表現そのものである。純粋ビラというのは、学生たちのそんな気持ちを表現しているのではないかとおもった。

さて、ながながと「就活くたばれデモ」にふれてみたのは、それがいまの学生たちの状況を端的にものがたっていると考えたからだ。第一に、就活のはじまる時期がとにかくはやすぎる。大学にもよるだろうが、3年生といえばちょうどゼミもはじまり、好きな勉強にうちこみたい時期である。それなのに、就活にとりくまざるをえず、しかもそれがいつ終わるのかもわからない。もともと、生活費をかせぐためにアルバイトをやっていて、気がついたらもう就活だ。せっかくたたかいカネをはらって大学にいっても、けっきょくはたらいてばかりという学生もすくなくないだろう。

第二に、学生たちは過度に自己表現へと駆りたてられている。就活のときはもちろんのこと、「新しい教養」を重視するようになった大学は、実用英語や情報技術、ディスカッションのスキルや人間関係形成能力をたたきこむことにやっきになっている。やや極端ないいかたをすれば、学生は就活だけにむかっていく動員されたコミュニケーションをまなばされている。ほんらい、人とのつきあいかたや自己表現というのはいかようでもありうる。人間の生きかたそのものだからだ。しかし、企業はそれが仕事に役だつかどうかで選別をするわけだし、大学は企業に役だつものをただしいコミュニケーションとしておしえている。学生は、自己表現をすればするほど生を切り縮められ、しかも就活ではたいして年齢もちがわない面接官にダメだしをされ、自分の生きかたそのものを否定されている。たまらない。

第三に、口にだしていう学生はすくないかもしれないが、ほんとうのところ、いまの学生には就職までまったなしのこの時間をとめてみたいという願望がある。ほんのすこしでもいい、ちょっとでいいからたちどまりたい。自己表現が就職に直結したものとはかぎらないのだとしたら、もっと好きな表現をためしてみたい。なんの役にもたたなくていい、とにかくなにかおもいきり自由に表現してみたい。大学というのは、それができるかずすくない空間である。さきほど紹介した「純粋ビラ」にしても、学生の根源的な知的欲求があらわれたものとみなすことができるだろう。

そして、この三点をふまえてみると、最初にあげた教員のグチがどれひとつとしてうけいれられないことがわかってくる。たとえば、学生がバイトや就活であたりまえのように授業をやすむという批判があるが、学生にそうさせてきたのはいったいだれなのだろうか。学生は学費がたかいからアルバイトをしているわけだし、それでもたりないから奨学金を借りている。学生にしてみれば、学費にみあった成果はだしたいし、借金の返済をせまられるので、なんとかいい就職先をみつけたい。しかも、企業は就活の時期をどんどんはやめてくるし、大学もそれを率先してうけいれている。どんなにまじめな学生だって、そりゃ授業なんてやすむだろう。教員が学生に文句をいうのはすじちがいであり、悪いのは企業と大学である。

また、学生バイトにたいしては、遊ぶカネほしさじゃないかという批判もあるが、批判するまえによく考えてほしいのは、学生バイトの恩恵をうけてきたのは、いったいだれなのかということである。1980年代から、安価で柔軟な労働力として企業をささえてきたのは、学生アルバイトと主婦パートである。学生アルバイトなしに日本経済はなりたたなかったといってもいいくらいだ。というか、だいたい学生が遊んじゃいけない理由なんてあるのだろうか。20歳前後の学生が遊ばないのであれば、だれがいつどこで遊ぶのか。そんなことをいいつつ、わたしは30代半ばになってもフラフラと遊んでいるのだが、まあ自分のことはさておこう。はっきりといっておきたい。大学は遊ぶための場所であると。正直、企業がもとめているコミュニケーション能力なるものにしたって、けっきょくのところひとからおしえられてどうこうするものではなく、友人でも恋人でもサークルでも、ほんきで遊んだ人間関係のなかでいつのまにかつちかわれているものだろう。

最後にもうひとつ。学生たちの過剰なクレームにもふれておこう。わたしは、過剰なクレームの根っこには、純粋ビラとおなじように、学生たちの強い知的欲求があるとおもっている。でも、ふだん学生たちはアルバイトと就活であまりにいそがしい。勉強する時間はかぎられている。しかも、これまで学生の自主活動をささえてきたサークルや自治寮は、あきらかに縮小傾向にある。いまから10年以上前であれば、もしかしたら教員が授業以外にも学生とつきあい、飲みあかしたり、いっしょに勉強会をやったりして、あるていど、学生の知的欲求をみたしたということもあったかもしれない。だが、大学改革がすすんだ結果、いまの教員たちは研究費を獲得することに必死で、獲得できたとしても、その雑務で研究や教育どころではなくなってしまう。そんな状況だから、学生からしてみれば、自分たちの知的欲求をみたせる場は、まずなによりも授業ということになる。もちろん、授業だけでは、ぜんぜんたりない。だが、目にみえる知的回路が授業しかなかったのだとしたら、ものたりないという気持ちが授業にたいして過剰にぶつけられても、けっして不思議ではないだろう。

それに、サークル活動などはやっていなくて、なかなか友人もできずに、ひとりで授業にでている学生たちがよりどころにする場所はどこだろう。トイレだ。トイレしかない。じっさい、ひとりでご飯を食べているとおもわれたくなくて、学食にもいけず、トイレの便座にすわって昼食をとる学生もいるらしい。トイレ、重要だ。そんなトイレの便座が冬でもあたたかかったらどうだろう。そんな幸せなことはないのではないだろうか。大学に愛着をもち、クレームをいうのはよいことだ。もはや大学教員には、学生のグチなどいっているひまはない。

学費をタダにすること、
借りたものは返せないとつたえること、
学生の自主活動を弾圧しないこと、
いっしょになってバカ騒ぎをやってみること、
学生にやさしく接すること、おごってあげること、
トイレの便座をあたたかくすること。

とりくむべき課題はやまほどある。今後、学生にたいして、どれだけおおくの知的回路をつくっていけるかどうか。そんなにむずかしいことではない。権威のない教育、支配のないコミュニケーション。大人たちがやるべきことはたくさんある。大人用処世術概論。それは、子どもの遊びやよろこびをわすれないことからはじまる。わたしはずっと子どもでありたい。

悪意の大学

大学とは、不穏な場である。そうおもったのは、2006年秋のことだ。ある日、都内の大学のシンポジウムに参加したわたしは、友人に誘われるままに居酒屋でひらかれた懇親会に足をはこんでいた。その飲みの席で、わたしは隣からきこえてくる会話におもわずきき耳をたててしまった。「さいきん、ど

んなことやっているの？」。30歳くらいのおじさんが早稲田の学生さんにはなしかけている。おそらく、大学でどんな勉強をしているのかをききたかったのだろう。だが、その学生は信じられないような言葉を発しはじめた。「競馬で大儲けしたので、安倍晋三の『美しい国へ』を大量に買っちゃいました。それを大学のトイレにおいて、小便をひっかけるっていう闘争をくりかえしてるんですよ」。びっくりしたわたしは、つい目をぱちぱちさせて隣をみてしまった。すると、学生は笑顔でこうつけくわえた。「身近に女子学生がいなくてこまってるんですよ。女子トイレに本をおけないんです」。正直、そんなことはきいていなかったのだが、このときうけた衝撃は、いまでもよくおぼえている。

２００６年といえば、すでに大学改革が実行され、学生にたいする管理体制も徹底化されたあとである。だから当時、早稲田の大学院にあがっていたわたしは、いまの大学生はかわいそうだくらいにおもっていた。自律的なサークルスペースはなくなってしまったし、授業も出席がきびしくなってサボることもできない、まるで会社勤めでもしているかのようだ、みんなそんな管理体制にかいならされてしまっているのではないだろうか、と。しかし、わたしの考えはかんぜんにまちがっていた。ひさびさに大学生と飲んで、その口からでてきた言葉は、大学のトイレで安倍晋三の本に小便をひっかけている、である。かいならされてなんかいない。この大学生はなんだかよくわからないが、とにかく悪意にみちている。きっと、かれは自民党の政策をどうこうしたかったわけではないし、大学当局を交渉相手にして、なにかいいたいことがあったわけでもないだろう。かれはただ自分のいだいていた悪意を大学でしめしたかっただけなのである。

学生は、知的活動をおこなっているにもかかわらず、毎年、１００万円もの授業料をむしりとられている。生活費のために必死にアルバイトをしても、労働者あつかいされることはほとんどない。逆に、遊んでいるといわれてバカにされるほうが圧倒的におおい。マスメディアでとりあげられるのも、たいていはバッシングされるときだ。どこそこの学生が大麻を所持していた、あるサークルのＯＢが金融の不正取引をしていた、などなど。そして、そんな物騒な連中を野放しにすることはできないといって、大学当局は管理体制を強化し、学生の自主活動の機会をうばいとってきた。組織的な善意が、学生をおしつぶそうとしている。いまの学生は人間あつかいされていない、屈辱にまみれている。だから、学生が悪意にみちていいても不思議ではない。むしろ、いまの大学や社会にたいして、悪意をいだかないほうがおかしいだろう。そう考えると、トイレで安倍晋三の本に小便をかけていたことにもなっとくがいく。学生はその行動をつうじて、自分の悪意をかくしたり否定したりせずに、ひっそりと、だがむきだしのままに表現したのである。安倍晋三に小便をひっかけろ。

学生が悪意にみちているのは、こんにちの日本だけではない。いつどこの時代でも、学生は悪意のある存在であった。というよりも、大学はそもそも学生の悪意によってうまれたといってもいい。一般的に、大学の起源は、13世紀初頭のヨーロッパとされている。なかでも、もっとも古いのがイタリアのボローニャ大学である。当時、ヨーロッパでは、たくさんのアラビア語文献が翻訳され、急速に学問が発展しはじめていた。ボローニャはそうした文献があつまる中心地となり、ヨーロッパ中から学生があつまっていた。だが、ボローニャの住民からすれば、学生はあくまでよそ者である。素行のわるい金持ちのボンボンくらいにみられていたのかもしれない。住民たちは、ここぞとばかりに学生の家賃や生活必需品を値上げし、町ぐるみでカネをぼったくろうとした。むろん、学生も黙ってはいない。かれらは組合を結成し、集団で家賃交渉にあたった。家賃を正常にしなければ、みなこの町からでていくぞと脅しをかけたのである。その後、学生たちは組合をつうじて、教員にも圧力をかけ、教育内容や授業料もあるていど自分たちで設定できるようになった。そして、この組合のことをウニヴェルシタス（大学）とよんだのである。大学の根底には、まっとうな人間としてあつかわれなかった学生たちのふかい悪意がある。

悪意ははてしない。ボローニャの学生たちは、みずからの悪意をもとに自分たちで大学をつくりだしてしまった。家賃を値上げしようとした町の連中に抵抗したというだけではない。おまえらの素行がわるいんだといわれたとき、ボローニャの学生たちはそのふるまいをただそうとしたりはせず、むしろなにがわるいんだと、もっと自由にふるまえるようにしていった。悪意とは、ひとが善悪優劣のふるいにかけられたとき、それには乗れない、わるくてなにがわるいんだという怒りのさけびである。このさけびに妥協はない。選別されること自体がいやなのだから。はじめからいっちゃいけないことなんてない、やっちゃいけないことなんてない、ぜんぶ自由だ。大学は、そうしたあしき意志をバンバンふくらませる場所としてうまれたのであった。不穏だ。

近年の大学史研究では、こうした大学の特徴を基礎の文化ということばでとらえかえしている。基礎の文化というのは、自分でものを考えることや、その方法、基礎知識のことである。とうぜん、そこには学問上の知識ばかりでなく、生きていくための知恵や処世術もふくまれている。地元住民から身をまもるために、さけび声をあげながらつくりだしてきた無数のノウハウ。大学を卒業しても、そうした基礎の文化というのは、その後の人生のなかでもちいられていく。

具体的に想像してみよう。たとえば、学位を取得することなく大学を退いてしまう学生は、その数の特定は難しいが、過半数を占めていただろう。その後の経歴はつましいものだったにちがいない。だが、「基礎の文化」は、たとえ堅固なものではないにせよ、そうした者たちのうちにも残存していたのである[7]。

卒業後、法律家になったひともいるだろうし、地元で医者になったひともいるだろう。まなぶということにひかれて、教員になったひとだっていたはずだ。もしかしたら、定職につかずに放浪の旅にでて、詩を書いてくらしたひともいたかもしれない。しかし、どんな生活をしていたにしても、かれらの知識は地域にとけこみ、それにふれた人びとによって、どんどん豊富化されていったことだろう。無名の、そして無数の知識人たちは、その生活をつうじて、ヨーロッパ中に基礎の文化をひろめたのであった。

近代以降になっても、大学にかかわりはない。もちろん、13世紀の大学制度がそのまま継続したわけではない。大学を管理するのは学生組合ではなく国家になったわけだし、国家が大学にもとめているのは、

♠ ♠ ♠ ♠ ♠

7　クリストフ・シャルル、ジャック・ヴェルジェ『大学の歴史』岡山茂・谷口清彦訳、文庫クセジュ、白水社、２００９年、37頁。

あくまで官僚や技術者、エリートを養成することだ。でも、国家がどんなに管理体制を厳格にしても、学生はいつでもその囲いをかいくぐり、国家の手のおよばないところで、自律的な集団形成をおこなってきた。国家の期待をかんぜんにうらぎって、学生が革命運動に身をとうじることも、めずらしいことではない。たとえば、19世紀末、帝政ロシアは大学制度の近代化に力をそそいでいたが、それはまじめな官僚を養成するどころか、むしろ反体制的な学生を大量生産することになってしまった。やがて、この学生たちが１９０５年のロシア革命や10月ゼネストの原動力になっていく。植物の種子が風にとばされて、気づいたらいろんなところに花をさかせているように、大学はいたるところに基礎の文化をばら撒き、おのずと革命を開花させていくのだ。

では、ようするに大学とはなんなのか。さきに引用した本の著者のひとり、クリストフ・シャルルが所属しているフランスのアレゼール（高等教育と研究の現在を考える会）は、つぎのように述べている。

〔大学は〕世代間の批判的な対決が可能となる唯一の場である。それは恋愛や、政治や、芸術における多様な経験を可能にするかけがえのない場であり、多くの若い男女学生にとって、知識人の生活を社会秩序のなかに入るまえに多少なりとも経験できる最後のチャンスである[8]。

♠　♠　♠　♠　♠

サークルでもなんでもいいが、たいていの学生は、気心のしれた友人となにかしらの自主活動をやっ

8　アレゼール日本編『大学界改造要綱』藤原書店、２００３年、３３２頁。

ている。ふつう将来の展望なんてもっていないだろうし、サークルにはいっても、ただ恋愛にふけっているだけかもしれない。酒びたりになっていたり、音楽や映画に夢中になっているだけかもしれない。これをもって、学生は遊んでいるとバッシングされ、そんなやつらにカネをだす必要はないとか、バカだのなんだのと、ひどい言説がふりまかれている。とうぜんながら、学生は悪意にみちる。しかし、学生というそのあしき存在は、否定すべきものでもなんでもない。大学は遊ぶための場所である。学生は、小学校から高校まで、毎日規則ただしい生活をしいられ、将来のことばかり考えさせられてきた。かれらにとって、大学はそれまでにない自由をかんじることができる時間であり、場所である。就職後、ありえないほどいそがしくなり、出世かリストラの心配ばかりをするようになることを考えると、それだけでも大学で遊んでよかったとおもえるだろう。きっと仕事で精神的にまいったとき、大学でひたすらのんびりした経験をおもいだし、大学時代の友人をさそって飲みにいったりして、それで心救われたというひともすくなくないはずだ。会社ではたらいている時間を、すこしでも大学のような時間にしようと、残業をやめたり、ストライキを決行したり、あるいはひょいと仕事をやめてしまうひとだっているかもしれない。学生の悪意は、そのひとの人生にかけがえのない経験として、なんどもなんどもバックラッシュする。

大学は不穏な場である。学生の悪意にみちている。しかし、その悪意こそが大学を誕生させ、ひとが生きるのに、もっとも重要な経験をうみだしてきた。もし大学がタダになって、もっともっと学生の潜在的な力を開花させ、それをめいっぱい表現させてくれる場所になったならば、わたしたちの身のまわりは、予想もしなかったような知恵でみちあふれ、しかも仕事にせかされる人生ではなく、好きなことを好きなようにやるのがあたりまえだとおもえるような人生がまちうけていることだろう。もちろん、いまの大学改革をみるかぎり、大学はまったくの別物に変容するばかりである。授業料の値上げは、学生から自主活動の時間をうばいとっているし、サークル部室や自治寮の廃止は学生の自主空間をあからさまに消しさってきた。大学の授業はキャリアデザインであふれかえり、学生は入学するとすぐに就活を意識させられる。このままでは、大学がかけがえのない場ではなくなってしまう。大学をとりもどそう。大学を学生たちの悪意でうめつくそう。そのためのささやかな提言として、かつて矢部史郎さんがかかげていたスローガンをあらためて挙げておきたいとおもう。

学生に賃金を！
学費も生活費も公費負担で！
すべての失業者に学籍を！

【巻末特別座談会】

さよなら、就活！ こんにちは、夢の大学！

座談会の前口上

ぼくがこの本の原稿を書きはじめたのは、２００９年ごろのことでした。当時ぼくは、友人たちと「ブラックリストの会 in 東京」という会を結成して、学費や奨学金について勉強したり、ビラをつくったり、デモをやろうといってあつまって、酒だけ飲んでけっきょくデモはやらなかったとか、そんなことをしてあそんでいました。

それからすでに5年が経ち、さいきんでは学費・奨学金だけでなく、「就活」も学生にとってのおおきな問題として前景化してきました。しかしこのかん、ぼく自身は、友人の企画したデモに参加するくらいで、具体的な運動はあまりやってきませんでした。そこで、それぞれ就活批判のとてもおもしろい活動をされてきた渡辺美樹さん、大滝雅史さんにお話をうかがいました。学生の怒りや不満や悪意の表現という点で、この本をおぎなってもらうことができたとおもいます。

それと、ぼくは大学院をでてからずっとぶらぶらしていて、さいきんになってようやく大学非常勤講師の仕事が増えたものの、それでもまだぜんぜん食べていけません。そこで、早稲田大学教員組合の執行委員長（２０１４年 10 月まで）として、非常勤の待遇改善をうったえてこられた岡山茂さんにもお越しいただき、さいきんの状況などをうかがいました。岡山さんは長年、大学について書いたり語ったりされていますので、大学の歴史や、学生と教員は大学像にどうかかわっていけるのかといった理念的なお話もきくことができました。

「ふたりの学生と、ひとりの専任教員と、ひとりの非常勤講師による、巻末特別座談会」開幕です。

巻末特別座談会

❖渡辺美樹（わたなべ・みき）　１９９１年生まれ。東洋大学社会学部２部社会学科在籍。専攻は社会学。大学２年生のころより「ゆとり全共闘」などの学生運動、野宿者の運動にかかわる。現在は「共同運営実験スペース　りべるたん」運営員として活動中。

❖大滝雅史（おおたき・まさし）　１９８８年生まれ。北海道大学文学部卒業。現在、日本福祉教育専門学校在籍（精神保健福祉士になる予定）。北大在学中に、就職活動をめぐる問題について、学生の立場から異議申し立てするため、「就活くたばれデモ」を企画・実行した。

❖岡山　茂（おかやま・しげる）　１９５３年生まれ。早稲田大学政治経済学術院教授。専攻はフランス文学。単著に『ハムレットの大学』（新評論、２０１４）、訳書にクリストフ・シャルル、ジャック・ヴェルジェ『大学の歴史』（谷口清彦との共訳、文庫クセジュ、白水社、２００９）など。２０１３～14年、早稲田大学教員組合執行委員長を務める。

❖2011年4月、「声をあげていいんだ！」とおもった

▼**栗原**　2011年の秋ごろ、おもに首都圏近郊の大学当局による、学内自治を抑圧する動きに対抗して、「ゆとり全共闘」（以下、ゆと全）という学生運動がはじまりました【＊1】。渡辺さんはスタート時からかかわってこられたわけですが、結成のきっかけはなんだったんですか？

▼**渡辺**　ゆと全じたいは自然発生的なものだったのですが、あえて直接のきっかけをあげるなら、3・11がすごくおおきかったとおもいます。これはわたしだけでなく、かかわったひとはみんなそうだったとおもいます。震災直後の2011年4月10日、「素人の乱」の松本哉（はじめ）さんたちの呼びかけで、高円寺で反原発デモがおこなわれ、すごい数のひとがあつまりました。わたしはそこで、大学2年生になってはじめて、社会運動が路上にでてきたのを目にしたんです。のちにいっしょに活動することになる学生たちも、このデモに触発されたという感じです。

入学して、社会思想系のサークルにはいったんですが、デモをやるというような雰囲気はなくて、勉強会しかしていませんでした。また、デモといえば共産党、というていどのイメージしかもっていませんでした。いちおう『クイック・ジャパン』誌を読んで、「法政大学の貧乏臭さを守る会」とかは知っていたのですが、いわゆるノンセクトと呼ばれる学生がいまもいるとは、おもってもいませんでした。それが3・11を経て、高円寺のデモに参加したことで、大学のなかには運動がないけど、路上にはあるんだ、っていうか松本哉は実存する、という発見をした。路上で声をあげているひとたちに触発されて、大学のなかでも自分たちの問題を表現していいはずだ、と感じたんです。でもまだこのときは勇気がなくて、あいかわらず勉強会しかしていませんでした。

おなじころ、法政大学の飲酒闘争（学内での飲酒を禁止した大学当局への抵抗運動）、早稲田大学の「勝手に集会」（構内でのフリースピーチなどをつうじて自由空間をとりもどす運動）など、首都圏とその近郊の大学で、学内自治を問いなおすさまざまな活動が展開していました。それらが有機的につながったのが、ゆと全でした。当時、法政大学の5年生

だった菅谷圭祐くんが連絡役となって、首都圏と近郊の大学運動の一種のハブとして機能することをめざしました。

法政の運動との出会いには、けっこう運命的なところがありました。たまたま法政の授業に潜りにいったとき、菅谷くんがキャンパスでかき氷を配っていて、なにごとかとおもったんです。構内にはへんな漫画ビラが大量に貼ってあって、飲酒闘争とか書いてある。これはまさか⁉……とおもって声をかけたんです。そこから、外堀公園での路上焼肉とかに誘われて行くようになり、早稲田のひとたちと出会ったり、ほかにも首都圏の学生との交流がたくさん生まれて、キャンパスの行き来がはじまった。ゆと全はそのなかからできてきた、という感じです。

高円寺のデモは「原発やめろ!」が主題でした。でも、わたし自身は、自分の足もとの問題を語っていきたかったし、法政なり早稲田なりもそういう、学生の生活圏から声をあげる運動だった。とにかく、テーマやトピックのちがいをこえて、声をあげていいんだ、騒いでいいんだ、ということを発見したのが、高円寺デモのおおきな影響だったとおもいます。

❖就活批判デモの衝撃

▼**栗原**　「就活ぶっこわせデモ」は、すごい衝撃でした。ふつう、反労働とか働きたくないとか言うと、同年代や、左翼のひとたちからさえ、怒られたりするわけです。だから、すげえなっておもいました。

▼**渡辺**　ゆと全の活動開始後、「ゆとりサミット」と題して、学費や奨学金、就活の問題を語りあうなかで、自分たちでデモをやってみようという声があがりました。それで、ゆと全としてではないのですが、このとき友だちになった仲間があつまって、いちばんさいしょに路上でやったデモが、２０１１年11月23日の「就活ぶっこわせデモ」です。これは、大滝さんがその2年まえに札幌でやった「就活くたばれデモ」の文脈をくんでいます。そのあとは、だいたい半年ごとに、ゆと全として大学の問題を問うデモを実施していきました。

▼**栗原**　大滝さんは、ゆと全よりはやく就活批判をテーマとするデモをやっていたわけですが、きっかけはどのへんにあったんですか。

▼**大滝**　ぼくが発起人となった札幌の「就活くたば

れデモ」は、2009年11月23日におこなわれました【＊2】。ちなみに、実は同じ日に、同時多発というか、東京でも「就活のバカヤロー!!デモ」が実施されています。

ぼくも渡辺さんとおなじように、大学にはいってしばらくは、とくに思想的な学生でもなく、むしろリベラルっぽい教員に反発を感じたりしていました。ただし、リベラルな環境で勉強していることで、やはり考えかたも影響されるし、それに野宿者支援活動にかかわったことがおおきかったかなとおもいます。酷寒の札幌のような場所で、野宿生活をしているひとたちとかかわっていると、やはり社会問題のようなものを考えざるをえない。それがちょうど2008年のことで、その年末には「年越し派遣村」が話題になったりして、いわば「貧困問題ブーム」ともいえる状況が出現していた。そうした動きをわりと身近にみているなかで、声をあげることが、問題を共有するうえで重要だと感じるようになりましたね。

それ以前は、高校が横須賀だったこともあって、イージス艦のイラク派遣に反対するデモなどを間近にみる機会はありました。でもすごく近寄りがたいというか、デモをやるにしてももっとポップに、ゆるくやれないだろうか、というおもいがあった。その後、大学にはいって、08年の夏には松本さんの本【＊3】がでたのを知って、おなじことを考えてるひとがいたんだ、もうやってるひとがいたんだと感じた。7月には洞爺湖サミットがあって、反G8運動【＊4】で北海道にきていた松本さんに直接お話をきく機会もあったりして、運動のイメージがさらに具体的になったところはあります。

2009年は、ぼくは1年間休学していたのですが、そのあいだに京都大学の「くびくびカフェ」【＊5】をおとずれて、ユニオン・エクスタシー（京都大学時間雇用職員組合）のひとたちと会うなど、関西との交流ができました。そして、東京では宮下公園ナイキ化反対のデモに参加することで、ようやくはじめてのデモ参加も果たしました（笑）。そのなかで、なんとなく関心はあっても、ぼんやりとしたものでしかなかった「デモの企画」というものを、自分でもやれるんじゃないか、と感じはじめた。それから、札幌に帰って前年の反G8運動にかかわっていたひとたちともコンタクトをとり、アドバイスをもらったりして、デモの具体化にむけて動きはじめました。

なので、「就活くたばれデモ」は、就活を問題にしたデモとしては初だったけれど、反貧困運動、京大界隈のユニークな運動、ナイキ化反対運動、反洞爺湖サミットなどなど、各地のさまざまな社会運動から刺激をうけて、はじめて実現したものなんです。

なぜテーマが就活だったのかといえば、ぼくの周囲のすくなからぬ学生や教員が、いまの就活がおかしいと怒っていたからです。ムカつくんだったら堂々とムカつくって言えばいいんじゃないかと、おもったわけです。就活が問題だらけなのは明白なんだから、デモのひとつぐらいやったっていいんじゃないかと。社会運動の文脈では、まだだれも就活を正面から問題にしていなかったし。いまおもえば、あまりにも素朴な動機だったかもしれませんが（笑）。

▼**栗原**　就活批判をかかげて、怒られたり、逆批判されたりということはなかったですか？

▼**大滝**　デモを実行するにあたって、なにも反応がなくてあたりまえ、というふうに考えてました。なので、メディアにとりあげられた時点で成功だし、そこからネットなどでは、まあ賛否ありましたが、実名をだして強烈に批判してくる人はほとんどいなかったかな。ブログ記事などで批判的なことを書いてる人もいましたが、議論が喚起できれば問題提起としては勝ちですよね。とりあえず、すくなからぬ人が就活の現状に違和感をもっている、ということは確認できたのかなとおもいます。

▼**渡辺**　東京だと、すこし状況がちがうのかもしれません。デモでもなんでも、やれば具体的な弾圧がありますし。警察の警備も、東京はほかの地域より厳しいとか。あと、「ゆとり全共闘」という名前からしてふざけてるというか（笑）、もっとまじめにやれ、みたいな声はつねにありました。就活デモのときも、わたしたちがいちばんうったえかけたい層から、分断状況をつきつけられたようなところがあります。「おまえら大学行けてるんだからいいじゃん」とか、「自己責任だろ」「大学の学費が高いなんてあたりまえじゃん」とか。いっしょに声をあげていきたい相手から、それこそ同級生から白い目で見られたり、横のつながりをそぐような攻撃をされたり、権力から植えつけられたものを露骨にみせられるというこ

とがありました。

でも、やっぱり自分の足もとから声をあげたかった。原発とか、特定秘密保護法案の強行採決とか、いろいろとおかしいことが社会に溢れているけど、自分のまわりにもおなじくらい理不尽なことってあって、それに縛られている、自由ではないという事実がある。そこから目を背けるのは、ちょっとちがうとおもうんです。

もちろん、学内でデモの告知ビラをくばったりしていると、声をかけてくれるひともいます。じっさいにデモには参加しなくても、「告知みたよ、ああいう運動っていいね」と言ってくれて、そこから討論がはじまることもあるし。ただ、やっぱり自分の大学で声をあげるってむずかしい。おなじゼミのひとたちから白い目でみられたり、警備員につけられたり、学生課とつねにやりとりしなきゃいけないとか、すごい神経を削られる。リスクは高いとおもいます。でも、身近なひとたちとの対話なくして運動もできないし、くりかえしになるんですけど、学内での活動は重要だとおもいます。

❖学費デモは、就活デモよりむずかしい！

▼栗原　その後、ゆと全のなかから「全国学費奨学金問題対策委員会」【＊6】ができて、学費・奨学金の問題に本格的にとりかかるわけですね。

▼渡辺　ゆと全が活動をはじめた当時、わたしは2年生でした。それから時がたって、4年生になって、なんかつづけてきちゃったというのもあり、今後どうするのかという問題がでてきたんです。ゆと全では、デモをやるさい、就活や学内規制の問題が中心で、学費や奨学金についてはあまりやっていませんでした。関心がなかったわけではなくて、みんな学費や奨学金が重い負担になっていることが、あまりにもあたりまえになっていて、問題化するのがおくれたのかもしれません。年上のひとたちが卒業して、わたしが4年生でいちばん年上になって、これからどんなことをやっていくかとなったときに、じゃあもう学費・奨学金しかないだろうと。自分自身もすごく困っている問題でもあったので。
そこから、栗原さんたちの「ブラックリストの会 in 東京」といっしょに、日本学生支援機構や文科省の

まえで抗議デモをやったりするわけですが、就活・学内規制問題にもましして、すごくむずかしかったです。どうとっかかりをつけたらいいのか、わからなかった。

▼大滝　２０１３年の奨学金にかんするデモのときも、ツイッターが炎上したりしたみたいですね。

▼渡辺　就活デモよりも、ずっと反発がおおきかったです。大学に行けなかったひとたちからは、「学費が高いなんて、わかってたことじゃないか」と言われる。働いて奨学金を返還しているひとたちからは、「おれはこんなにがんばって返してるんだから、おまえらも借りたものはちゃんと返せ」と怒られる。連帯できるはずのひとたちから分断をつきつけられて、深い溝を感じました。運動として普遍性をおびなかったというか。

学費・奨学金の問題って、やっぱりかなりナイーブなところがあるとおもいます。批判しようとすると、自分に返ってくる面もありますし。「仁義」として、借りたものを返すのはあたりまえだろ、借金ふみたおすなんて人間としてやっちゃいけないことだろ、就活だって返すためにやってるんだ、と言われてしまう。たしかにそのとおりだろうけど、「借りさせられている」という面もあるじゃないか、と反論してみても、なかなか伝わらない。学費じたい、親が払ってくれているひともおおぜいいるし、当事者意識として共有しづらいところもあります。

▼栗原　そういう負債についての道徳意識が、学費問題のいちばんの元凶かもしれないですね。

▼大滝　そうやって、思考の土台のところに、「借りさせている側」の論理が食いこんでしまっているから、なかなか議論がかみあわない。

▼栗原　それでも、ゆと全や「全国学費奨学金問題対策委員会」がデモをやったり、支援機構や文科省におしかけたりしたおかげで、奨学金をめぐる状況はすこしずつよくなってきているとおもいます。メディアもそういう学生の動きに食いついたし、「借りさせている側」もそれを無視できなくなって、所得連動制や返還猶予期間がもうけられたとも言えるんじゃないでしょうか。

❖たまり場をつくる

▼栗原　ゆと全の運動と並行して、渡辺さんたちは

「共同運営実験スペース りべるたん」を開設します。

▼渡辺　ゆと全時代から、わたしたちのあいだでは、大学がたまり場ではなく通路になってしまっている、という認識がありました。各サークルをつないで当局と交渉する役割の文化連盟も、ただのお遊びサークルにすぎなくて、各サークルが島宇宙化して点在するだけで、学内に公共の空間がまったくない。大学のなかに学生がつどえる居場所がないなら、外につくろうということで、2013年夏くらいに、神楽坂に部屋を借りて「りべるたん」をオープンしました。そこから多少の経緯を経て、場所も東池袋に移り、いまにいたります【＊7】。

▼栗原　ぼくらのころは、学内自治の空気がすこしはのこっていました。2001年に早大地下部室撤去闘争がおわって、それから1、2年くらいはまだ自由な雰囲気があった。学部生のころとか、教室でタバコをすえたし、先生も講義中にすったりしていました。ホームレスのひとが構内で寝てましたし。それがしだいに、警備員がのしてきて、ものすごく抑圧的な雰囲気にかわってしまいました。

▼渡辺　えー、すごいですね！　わたしたちにとっては、強圧的な警備員が構内にいるというのが日常になってしまってます。学生からして小官僚的になっていて、構内で鍋パーティーなんかしていると、「ちゃんとやりなよ」「やってもいいけど、ここではだめでしょ」とか言われたりする。

▼栗原　ぼくも「りべるたん」になんどかおじゃましたことがありますが、だれだかわからないけど、続々とひとがあつまってくるという雰囲気ですね。あれ、すごくいいです。意識してやっていることとかって、ありますか？

▼渡辺　鍵はかけないようにしています。保安上どうなのか、みたいなことはあるかもしれませんが、いつもひらかれたスペースにしておきたいとおもっています。あと、大学に言論の自由や討論の場がないから、あらゆる思想のひとを排除しないことをこころがけてます。さがしづらくて、来ようとしてくれた人もよく迷うし、Google Map にもでないような場所ですが、だれでもはいれます。以前、京大吉田寮におじゃましたときに、こういう場所って首都圏にないな、とおもったんですよね。だれでもうけいれてくれて、お酒をのんでいろいろなことを語りあ

ったあとは、泊めてくれるような場所。

❖傷をなめあい、肩をよせあう

▼栗原　渡辺さんたちはつい先日（2014年11月2日）、「シェアハウス大会議＠東洋大学白山祭」と題して、「りべるたん」の協賛で学祭でイベントをやりましたね。かなりもりあがったようですが。

▼渡辺　去年につづいての参加です。去年は「『脱就活』シンポジウム」と題して、『脱資本主義宣言』の著者・鶴見済《わたる》さんをはじめ、外部からゲストをお招きして話しあいました。わたしはそれまで、学祭が、サークルに所属しているひとたちだけの閉じたお祭りになってしまっていることに反発を感じていました。さいわい、東洋大は学内サークルでなくても企画をだせるので、わけのわからない企画をだせば、すこしでも秩序を乱せるんじゃないかとおもって。

それと、就活デモをやるうちに、デモはひとつの表現ではあるけれど、就活についてもっと具体的な話を大学で語りあいたいとおもったんです。就活しなかったらどういう生きかたがありうるのか、とか。いまの学生は、キャリアセミナーをうけさせられて、「自立」をうながされています。そこで言われる自立は、肩をよせあったり、傷をなめあったりしちゃいけない、正規雇用されて福利厚生をうけて、だれにもたよらずに生きなさいという意味の自立なんです。でもわたしは、傷をなめあうべきだし、肩をよせあうべきだとおもう。そんなふうに「共有的な自立」があってもいいとおもうんです。そういう話を学祭でやってみたかった。

現実に、東洋大の学生が企業にはいったとして、そこでどこまで登りつめれるの、という話で、正規ルートにのったところでやがて壁につきあたるのは目にみえてます。かといってルートからおりることができないのであれば、ほかのやりかた、息の抜きかたを考えたい。

そして、この「傷をなめあうこと」「共有的な自立」をもっと積極的に肯定していく意味で、ことしはシェアハウスをテーマにしました。貧困とか、若者の不安定雇用をベースにしたシェアハウスのありかたをさぐり、公共性を問いなおす、という問題提起だったとおもいます。

学祭の企画となると、大々的にビラをくばったり、貼ったりできるんですよ。検閲もされない。やってみて、それがすごくよかったですね。ふだんは、ビラをくばるのがほんとにむずかしいんです。いつもは禁じられるようなビラをまいて、多少でも秩序を乱せたこと、そして、大学が提示するような自立の概念をくつがえす議論ができたことが、よかったとおもいます。

❖理想の大学、大学の死

▼栗原　ここまでうかがってきたように、渡辺さん、大滝さんは、ぼくらがびっくりするような学生運動を展開してきたわけですが、おふたりにとって、大学ってなんでしょうか？

▼渡辺　私はもうすぐ卒業してしまうのですが、活動するうえでいつも念頭にあるのは、さきほども言いましたが、大学は通路じゃなくて広場だという考えです。サークルにしてもなんにしても、それぞれがタコツボ化していて、さまざまな考えかたをもった学生どうしによる侃々諤々の議論なんて、夢のまた夢という感じです。現実がそのように真逆だからこそ、公共の場としての大学、資本に唯一介入されない自由な場としての大学を、理想像としてもちたい。ひとはもっと語らっていいし、交流していいし、教室にたまっていていいはず。そういうことができる場であってほしいです。

▼大滝　個人的な経験で言えば、ぼくは大学にはいってはじめて、人間になれたとおもっています。大学は、いろいろなことを考えたり、疑問をもったり、勉強したり、本を読んだりする行為が歓迎される場所だった。ほかの場所だと、「なんかむずかしいこと言ってるね」みたいな感じで敬遠されるような行為や態度が、好ましいものとされる場所。その点ですごく居心地がよかったのですが、いっぽうで、ぼくが大学に入学した２００６年には、04年の国立大学法人化を経て、すでに大学的なものの死はゆるやかにはじまっていたとおもいます。すでに死んでるんだけど、体温はまだのこっている、という感じ。６年在籍しましたが、もはやかつての大学的な規律訓練（それがよいかどうかは別として）すら、消滅しているんじゃないかなとおもいました。ハコ＝建物・制度だけがのこって、そこに資本なり国家なり、

外部のロジックがはいりこんでコントロールされるだけになっていく。こんなところにいても悲しくなるだけだなとおもって、卒業しましたね。

大学の理想像については、渡辺さんと同意見です。ただ、そういう大学像には一種、懐古主義的な面もあって、議論としては上すべりしがちなのかなと。「古きよき時代の大学を追いもとめたって、現実にはちがうんだから、しかたないじゃないか」という反応がかえってきて、話がおわってしまう。社会運動の話題にしても、たとえば海外の運動はこんなに自由なんだよと言われると、はじめのうちは「おお、すごい」ってなるけど、だんだん飽きちゃうというか、「しょせん別世界の話でしょ」となってしまう。それと似たものを大学の議論についても感じますね。実際、いまの日本では、国立大学の文系学部をいっさい廃止するような話すらでているわけです。その理想と現実の溝をどう埋めるかが、むずかしいけど、たいせつになってくるとおもいます。

❖聖母としての大学

▼栗原　岡山さんの近著『ハムレットの大学』を、すごくおもしろく読ませていただきました。ぼくがいちばんすきなのが、「学生はみな、王子であり、王女である」というくだりです。この学生像には、渡辺さんのお話にでてきた「大学がもとめる自立性」とは対極にあるような自立性／自律性の概念がこめられているようにおもいます。

▼岡山　大学はもともと、キリスト教的な基盤のうえに生まれたものです。だから大学には、ラファエロの絵画を彷彿させるような聖母のイメージがある。パリという街のシンボルであるノートルダムは、文字どおり聖母ですが、エッフェル塔も、都市をみまもる存在という意味では聖母です。そういう守護的な存在が世界中に分散して、大学という聖母になったと考えてもいいとおもいます。

守護的な存在というのは、自然であってもいいし、大学であってもいい。自然のほうへむかえば、ランボーのように詩をやめて砂漠にさまようことにもなるし、大学のほうへむかえば、マラルメのように詩を書きながらイマジネールな大学を夢想することになる。マラルメは、オックスフォード大学とケンブリッジ大学で講演したときに、これらの美しい花のような大学都市と、石炭の煤煙でよごれた地方都市がともにあるイギリスという国に驚きました。そして大革命で大学をつぶしてしまったフランスとは異なる、特別な社会的寛容の精神がこの国にあることを認めました。そのイメージをもとに、詩人や学生が生きられる空間をもとめて、「文学の土地基金」といった構想をフランスにもちかえります。それは古典となった作品の売り上げの一部で、詩人たちの生活を支援しようというアイデアでした。

フランスをはじめヨーロッパには、政教分離のあとでもキリスト教的な大学のイメージが保持されている面がある。そうした歴史的な大学像を、日本にどのように移植できるのかというのが問題です。ヨーロッパでは大学の無償性とか、給付型のほんらいの意味での奨学金といったものが、いまだにすんなりうけいれられる素地がありますが、日本では、宗教組織への寄進とか、政党への寄付といったものはあるにしても、若い世代に投資することをいとわないような「寛容な社会」の伝統がよわい。日本の私立大学は、学生がはらう授業料にたよらねば経営していけないような大学ばかりです。

近代の大学は、宗教的な要素を回収しながら、普遍的な、非宗教的なものとして存在しえるようになった。しかし現代はそうした近代的な大学のモデルさえ、もはや機能しなくなっている。そのような時代だからこそ、大学に聖母的なイメージをもとめたい。さきほどの渡辺さんの「共有的な自立のスペース」というお話も、知らないものどうしがともにいられる教会のような場を想起させるところがあります。たとえばコンサートもそうした場になりうるのかもしれない。しかし、学問だけでなく、自由な生をも可能にさせる場という意味では、大学こそが、賃金をもらえない、資産もない若いひとたちに、そうした場を提供するものであってほしいとおもいます。

❖非常勤講師問題の現在

▼栗原　岡山さんは長年、「アレゼール日本」【＊8】のメンバーとして、日仏の大学改革を批判してこられました。アレゼールとの出会いはどのようなものだったんですか。

▼岡山　1995年ごろ、当時アレゼールの事務局

長だった歴史学者のクリストフ・シャルルが来日したおりに、会っていろいろな話をきいたのがきっかけでした。その後、日本の国立大学法人化の前年の2003年4月に、日本支部として「アレゼール日本」をたちあげました。

▼**栗原**　さきほどのお話にもありましたが、日本にはもともと大学無償化の思想がなくて、とくに戦後はむしろ真逆の方向にむかってしまい、90年代には徹底したネオリベ改革が断行されました。そして04年の国立大学法人化で、大学のネオリベ化が病的なまでにすすみます。その徴候は、教員のあつかいにもっとも端的にあらわれているのではないかとおもいます。いまや、非常勤講師は5年を上限として首をきるというような、信じがたい事態になっています【＊9】。早大教員組合の執行委員長として、この問題にとりくんでこられたなかで、いまどんなふうにお考えですか。

▼**岡山**　2012年9月に、首都圏非常勤講師組合の早稲田ユニオン分会が結成されました。これは重要な出来事であったとおもいます。まず、早稲田ユニオンができてはじめて、早大のなかで専任組合（早大教員組合）と非常勤組合の話しあいの場ができたのです。非常勤のひとたちはそれまで、早大内部でもほとんど発言をしなかった。それまではずっと、理事会と専任組合が一種ぐるになって、非常勤を管理し、さらには学生を管理しようとしていた。そのような関係性が、早稲田ユニオンの誕生によってズレた。「非常勤・学生・専任教員」対「理事会」という構図が、あらたな可能性としてあらわれてきたのです。いっぽうでは、専任と非常勤のあいだに、立場や格差をめぐって微妙な葛藤も生じるのだけれど、すくなくとも理事会と専任教員のむすびつきにひとつのくさびがうちこまれ、専任と非常勤、教員と学生の連帯の可能性がみえてきたのではないかとおもいます。

❖真にひらかれた大学をもとめて

▼**岡山**　明治以降の歴史をふりかえってみるなら、日本の大学が聖母であったことはいちどもありません。たとえば早稲田大学は聖母というより、つねに政治的な大学でした。大隈重信は明治14年の政変で下野したあと、政党と学校を同時につくります。そ

の5年まえには西南の役がおきて、すわ九州に独立政権発足かという危機をのりこえたばかりの明治政府も、これにはびっくりしたはずです。そして伊藤博文は、そういう政治的な学校ではなくて、国家のために働く従順で優秀なテクノクラートを育てる場がなければならないと考え、東京大学を帝国大学へとつくりかえました。しかしこれもまたきわめて政治的な大学だった。じっさい、フランスの社会学者ピエール・ブルデューが言うように、いまの東大にも、8世紀以来の日本の古くからの国家貴族の伝統は生きています。

そうした伝統のもとにある日本固有の学校（徳川幕府がつくった学校や幕末の私塾）と、フランスのグランド・ゼコール、ドイツの大学、アメリカの私学を折衷することによって、日本の大学はつくられました。こうしたモデルの混淆が、1919年の大学令によって肯定されることで、ナショナルな日本の大学システム——公共セクターと民間セクターがともに国によってコントロールされる、世界でもめずらしいシステム——ができあがりました。戦後、このシステムは批判され、民主化・大衆化が叫ばれたけれども、本質的にはなにもかわらない。

▼栗原　戦後の「大衆化」と軌を一にして、授業料もがんがんあがるんですよね。

▼岡山　むしろ戦後の大学は、戦前の大学のよいところまでとりはらってしまったとおもいます。旧制高校のエリートたちは、それなりの自由を享受していた。その自由は否定されるのではなく、むしろすべての新制大学の学生に拡大されるべきものだった。しかし国はそのための努力をおしんだ。すべてのひとにひらかれた大学とはこんなものだろう、という漠然としたイメージのもとに、私学の数だけがやたらと増えていった。そのような「大衆化」の行く末がいまです。もはや国や文科省は大学を庇護しようともしないし、大学もわれわれを庇護しない。それどころか、それはいまでも有償で、戦後からネオリベ改革を経て授業料の敷居が年々あがっていっている。アレゼールも、渡辺さん、大滝さんの運動も、そういうネオリベ改革への対案をさがしているのだとおもいます。

❖大学像を語りあうためのストライキへ

▼栗原　岡山さんはさいきん、早大でストライキをうつことを構想されていたそうですね。

▼岡山　学生にとっての学費や奨学金という問題とともに、教員にとっての賃金という問題がありま す。首都圏非常勤講師組合は現在、週1コマあたり月額5万円にあげてほしいと要求しています（現状は1コマ数千～2万5０００円前後）。7コマやれば、月に35万の収入となって、なんとか生活できると。ところが早稲田大学の理事会は、さきほど栗原さんが言われたように、労働契約法の改正を機に、コマ数の上限を週4コマ、そして5年までしか働けないとする非常勤講師就業規程をつくったのです。早稲田ユニオン分会は、直接的にはそれに対抗するためにつくられました。

早稲田大学は、授業料にかんしては、教養教育を充実させるという名目でさらなる値上げをしています。専任教職員にかんしては、２０００年代にはいってから昇給もなく、賞与も減らされ、教員の研究費も半減されるという状況です。しかし大学の財政状況はけっして悪くはありません。経常収支はかなりの黒字です。その黒字になった部分は何につかうのかと問うと、理事会は中期的な改革のためにつかうと言います。たとえば文科省の「スーパーグローバル大学」（！）という競争的資金がありますが、そういう資金をとれる方向への改革（学生と非常勤講師の数を減らし、専任の数を増やす）のために、プールしておくというのです。たしかに早稲田大学は、この競争的資金に応募し、採択されました。しかし応募のためには、年俸制を導入することが前提とされていました。文科省と理事会はぐるなのです。

そういう実態をひろく社会に知ってもらうためには、ストしかありません。しかし専任組合のなかには、学生や生徒を人質にとるわけにはいかない、早稲田をブラック大学と指弾する非常勤のひとたちとは共闘できない、ストをやると組合から脱退者がでる（とはいえスト権は組合員の78％の賛成をもって確立している）、次期執行部への引き継ぎがせまっている……といった意見があって、ついに調整できずにおわりました。しかしストをやる価値はいまでもあるとおもっています。ストをつうじて、学生は学費無償化と奨学金の給付化を、非常勤は1コマ5万円を、専任は研究費半減撤回をうったえることができる。同時にシンポジウムを開催し、専任、非常勤、学生がそれぞれの要求をかかげたうえで、たがいに共有できる大学のイメージをさぐればよい。3・11のあと、われわれにはそのイメージがすでにみえてきているとおもいます。

▼栗原　たぶん、身のまわりでおかしいとおもうことがあったら、がまんせずにほんきで声をあらげるとか、それを変えようとおもってなにかをやってみるとか、すぐにはできなくても友人とゆっくり考えてみるとか、そういうのを実践してまなんでいくのが、ほんとうの意味での教育なんですよね。岡山さんのお話をうかがっていて、ストライキってそういうものなんだなって、あらためておもいました。大学教員が、教育の見本としてストライキをうつ。好し、ということで。

（2014年11月23日　於新宿）

【注】

＊1……「ゆとり全共闘」についての詳細は、『情況』2012年9・10月号「特集　学生運動の現在」や、菅谷圭祐「ゆとり全共闘総括文」（http://yutorisammit.blog.fc2.com/blog-entry-144.html）などを参照。

＊2……「就活くたばれデモ」の詳細は、「『こんな就活もうイヤだ！』就活くたばれデモ@札幌実行委員会 blog」（http://blog.goo.ne.jp/tomato-saibai/e/834aa01f679b8231affdd6292401432d）を参照。

＊3……松本哉『貧乏人の逆襲！　タダで生きる方法』筑摩書房、2008年。

＊4……反G8運動については、拙著『G8サミット体制とはなにか』（以文社、2008年）などを参照。

＊5……2007年5月、国立大学法人化の余波で、京都大学の時間雇用（非正規）職員にたいして、5年を上限として雇い止めとする通告がなされた。これに抵抗する目的で後述のユニオン・エクスタシーが設立され、09年2月に大学構内での座りこみを開始。そこに屋台が設置されて「くびくびカフェ」としてオープンし、2011年9月末に閉店するまで、全国の非正規雇用者がつどい、語りあう場となった。

＊6……「全国学費奨学金問題対策委員会」の詳細は、会のブログ（http://gakuhimondai.blog.fc2.com/）やツイッター（@gakuhi_mondai）などを参照。

＊7……「りべるたん」の経緯については、「りべるたんの綱領」（http://www.libertine-i.org/?page_id=588）を参照。

＊8……アレゼール（高等教育と研究の現在を考える会）およびその日本支部「アレゼール日本」の活動については、岡山茂『ハムレットの大学』（新評論、2014年）を参照。

＊9……大学のネオリベ化の最新動向については、『現代思想』2014年10月号、「特集　大学崩壊」を参照。

おわりに

武闘を秘めた民間の
霞ヶ関を越えて行く
零に託した

（赤瀬川原平「大日本零円札ポスター」1967年）

💲 大学はモラトリアムだ

本書をかきはじめたのは、2009年のことだ。このころ、わたしは友人たちといっしょに、奨学金返還延滞者のブラックリスト化に反対して、日本学生支援機構まで抗議文をもっておしかけたり、この問題の責任者で、東京大学教授の小林雅之さんのところに直接文句をいいにいったりしていた。もちろん、抗議文やビラをつくったりするには、それなりの知識が必要である。だから、いろいろしらべたのだが、なかなかよい入門書がない。あるのは、批判しなければならない小林さんの『進学格差』[1]くらいだ。それで何人かではなしていて、じゃあ自分たちでつくっちゃえばいいじゃないかということで、わたしがかくことになった。

しかし、いざかきおえてみて、こまったのが出版のことだ。せっかくだから、値段をやすくしてたくさんのひとによんでもらいたい。ある友人から、新書でだすと部数もすごいし、印税もがっぽりはいるよとおしえてもらったので、「うわあ、そりゃいいね」といって、新書をだしている大手出版社をまわってみることにした。じっさい、そのころわたしは大学院の博士課程を満期退学となり、その後、運よく非常勤講師の仕事を紹介してもらえたものの、まだ半期で1コマしかうけもつことができずにいた。カネがない、カネがほしい、うんとたくさん。だから、新書でひともうけといわれて、かんぜんにテンションがあがってしまった。もうけたカネで友人をさそい、スタミナ太郎にでも食べにいこう。そんなことばかり考えていた。あまかった。

時期尚早だったということもあるのだろう。出版社にもちこんでみたところ、1年くらい審査がながびいたあげく、ボツになってしまった。理由はいくつかあるのだが、そもそも新書のおもな読者層であるサラリーマンには、大学無償化なんていうテーマはウケないといわれた。もしそういうはなしをするならば、大学教授の肩書がなければダメだということであった。きっと、ほ

♠ ♠ ♠ ♠ ♠

1　小林雅之『進学格差』ちくま新書、2008年。

んとうにそうだったのだろう。いまでこそ、大学の学費や奨学金は、社会問題として認識されるようになっているし、どこそこのサラリーマンであっても、自分の子どもを大学にいれるにはちょっとカネがないということで関心をもつとおもうのだが、当時はまだそうではなかった。学生にたいする目線にしても、いまでは就活でたいへんな目にあっているというのが社会常識になっているが、そのころは就活がきついなんていうのは甘えにすぎないとか、ろくに勉強もせずに遊んでばかりいるから就職できないんだとか、そういうことがふつうにいわれていた。

しかも、本書のスタンスが、大学とはモラトリアムだというものであったから、なおさらたちがわるかったのだろう。わたしは、せっかく大学にはいったのだから、学生たちはゆっくりと時間をかけて、自分の人生を自分できめればいいとおもっている。受験、進学、就職、結婚。はじめからさだめられた人生の階梯なんてほうりなげてしまって、自分の人生をもういちどえらびなおせばいい。ゼロ地点にたって、やりたいことをやってみたり、やらなかったりする。なにもやりたいことがなければ、のんびり寝てすごしていればいい。社会問題というときの「社会」だって気にする必要はない、就活のためにがんばっていますとか、そんなそぶりをみせる必要もない。好きなことを好きなだけまなんで、好きなように表現すればいい。たぶん、それでなにかいちどでも夢中になったことのあるひとは、その感覚をわすれはしない。卒業して何年たっても、またゼロ地点にたちもどりたい、とおもってしまう。わたしは大学に在籍しているか否かにかかわらず、そうしたことをのぞんでいる人たちのことを、学生というのだとおもう。いやそればかりではない。大学に進学しなかったひとだっておなじことだ。ずっと部屋にひきこもり、自分の人生をえらびなおしつづけているひとだっているだろうし、友人とバカさわぎをして警察につかまり、やむをえずゼロ地点にひきもどされたひとだっているだろう。そういう人たちぜんぶひっくるめて、学生というのである。学生に賃金を。だれかれかまわず、カネをよこせ。そんなことをいっていたわけだから、当時はうけいれられる余地がなかったのである。

$ 21世紀の怪物

そうこうしているうちに、けっこう時間がたっていて、気づいたら出版の機会をうしなっていた。ざんねん。でも、いろいろやってみるのはいいことだ。出版のために奔走してくれた編集者の方が、ある学生を紹介してくれた。それが巻末の座談会にも参加してくれた渡辺美樹さんだ。震災後の2011年の冬ごろだったろうか、当時、かの女は大学1年生で、まわりにいる友人たちと「就活ぶっこわせデモ」というのをやっていた。すごいことだ。わたしや友人たちは、よく、はたらかないぞといったりするのだが、それでもそういうことをいうと、左派右派を問わず、け

写真提供：全国学費奨学金問題対策委員会

ちょんけちょんに批判されたりする。だからがんばって勉強して、反労働やらなんやらの理論を身につけたりしてきたのだが、もはやそういうことではない。かの女たちには、大学にはいったその瞬間から、就活がやばいということがわかっている。だから、労働がどうとか考える必要はない。まなぶまでもなく、はじめからやることなすこと反労働なのである。怪物だ。

それで、渡辺さんにあってみると、そろそろ学費や奨学金の問題でデモをうってみたいという。こちらからしたら、そんなありがたいはなしはない。本書のデータをあげて、ぜひお役にたててくださいといったのをおぼえている。それが縁になって、かの女たちがデモや抗議行動をうつときには誘ってもらい、たまにふらっと遊びにいくようになった。かの女たちの行動力は、ほんとうにすごいもので、2、3年、やっているうちに、どんどんメディアが注目してとりあげはじめるし、その影響をうけてか、弁護士や労働組合、政治家、ようするに大人がうごきはじめた。いぜんとして学費はたかいし、給付型奨学金もないわけで、大学無償化ということからいえばまだまだなのだが、それでも所得連動制の奨学金は導入されたし、低所得者にたいする返済猶予は最大10年間まで延長されている。ふと書店に足をはこべば、奨学金問題の著作がならんでいるし、非常勤講師の問題も手軽によむことができるようになっている。大学はモラトリアムだという著作もでてきている[2]。流れがかわったのだ。

そんなこともあって、新評論の吉住亜矢さんから、あらためてかきためていたものを出版してみませんかと、声をかけていただいた。ようするに、本書を世にだすことができるのは、ひとえにわたしの努力のたまものではない、まわりのおかげである。親切にしてくれた編集者の方々や、就活ぶっこわせとか、大学を無償化しろとかいってきた学生のおかげである。本書をつうじて、さんざん借りたものは返せないといってきたので、恩を返しますとかいうつもりはぜんぜんないが、ただ率直に感謝の意をしめしたいとおもう。ありがとうございます、合掌。

♠ ♠ ♠ ♠ ♠

2　奨学金問題対策全国会議編／伊東達也・岩重佳治・大内裕和・藤島和也・三宅勝久著『日本の奨学金はこれでいいのか！奨学金という名の貧困ビジネス』（あけび書房、2013年）、林克明『ブラック大学 早稲田』（同時代社、2014年）。また、大学をモラトリアムととらえた著作としては、村澤和多里・山尾貴則・村澤真保呂『ポストモラトリアム時代の若者たち』（世界思想社、2012年）、岡山茂『ハムレットの大学』（新評論、2014年）。

$ じいちゃんの遺言

さて、それではこの4、5年のうちに、わたしの考えかたはかわらなかったのかというとそんなことはない。もちろん、大学はモラトリアムであるというスタンスはかわっていないのだが、その論じかたはかわってきている。むかしは、政府からカネをひきだすためには、なんらかの理屈をこねなければならないとおもっていた。たとえば、学生がカネをもらえるのは、その知的活動が社会の役にたつからである、と。たとえいまなんの役にたっていなかったとしても、5年後、10年後、もしかしたら役にたつかもしれない。だから、将来への社会的投資として学生賃金をだしてほしいくらいのことをいっていた。ほんとうは、大学はモラトリアムなのだから、社会のことなんて考えずに好きなことだけやっていればいいのだが、政府からカネをとるには二枚舌をつかってもいいとおもっていたのである。社会に気をつかっていたのだ。

これにたいして、いまのわたしはもうすこし率直だ。はたらかないでカネだけほしい。本書では、ベーシックインカムとあわせて、ショバ代をよこせと述べてきたが、そもそも知識というものは、天然資源というか、ながい年月をかけて伝統的につちかわれてきた共同財というべきものである。だれのものでもなく、みんなが活用して、そのつどあたらしい知識へと練成していく。ただ多様に、豊富になっていくだけのもの、ありがたい財産。それなのに、企業は知識をひとり占めして、ほかのひとにつかわせなかったり、値段をつけて優劣をきめたりしている。そんな迷惑行為をやっているのだから、まずはショバ代として、わたしたちにカネをしはらうべきだというのが理屈である。でも正直なところ、いまのわたしはそんな理屈がなかったとしても、ただカネをくださいといってしまうかもしれない。好きなことをやりたい、カネがほしい、いますぐに。いまのわたしには、こういう理由で、これだけ社会の役にたっているからカネをくださいとか、そんなことをいっているヒマはないのである。

「3・12」[3]以後、わたしはおどろくほど正直になった。わがままになったといってもいい。放射能をあびて、一気に老人になったというか、ひとまわりして赤ん坊にでもなったような気分だ。もともと、原子力発電所は借金とおなじようにひとに負い目をせおわせる機能をはたしてきた[4]。いちどバカでかい建物がたてられると、そのなかではたらく人びとや、その近隣で生きる人びとは、電力会社や政府、専門家のいうことをきかざるをえなくなる。事故がおきると、みんなが死ぬからだ。原発作業員はいくら労働条件がわるくても、ストライキはおろかサボることも

♠ ♠ ♠ ♠ ♠

3 矢部史郎さんは『3・12の思想』(以文社、2012年)で、「3・11」という表現によって、東日本大震災にともなう原発事故による放射能拡散の現実がおおいかくされるとして、「3・12」という日付を重視している。
4 矢部史郎『原子力都市』(以文社、2010年)を参照のこと。

てできやしない。近隣住民もおなじこと、いくら原発がいやでも、機械をこわしてとめることなんてできやしない。原発の安全な運営のために、専門家のいうことをきかざるをえない。そうしないのはわるいことであり、わがままである。生の負債化だ。

いまでは、その原発は爆発していて、東北関東の人たちはおもいきり放射能にさらされている。どこもかしこもセシウムまみれ。空気をすうのも、食事をとるのも、いつだって被曝とのせめぎあいだ[5]。毎分毎秒、原発事故の危機にさらされているようなものである。政府や専門家のいうことは、いつもおなじ。放射能があぶないといってはいけない、それはヒステリーであり、パニックである。社会が混乱すると、みんなが生活できなくなる、迷惑ですよと。わたしは放射能はキケンだとおもってしまうほうなのだが、そうおもうことが負い目に感じさせられる。ただでさえ、奨学金で負債をかかえているのに。もういっぱい、いっぱいだ。

どうしたものか。わたしは3・12以後、しばらくなにも考えられなかった。とりあえず、部屋でゴロゴロしてやりすごす。まあ、このまま死んだように生きればいいか。そんなふうにおもっていたのだが、2011年12月、じいちゃんが死んで目がさめた。母方の祖父で、群馬で農業をやっていたひとだ。ほかのじいちゃん、ばあちゃんは、もう亡くなっていたので、わたしにとっ

♠ ♠ ♠ ♠ ♠

5　ちだい『食べる？　食品セシウム測定データ745』（新評論、2013年）を参照のこと。

ては最後のじいちゃんである。小さいころからすごくかわいがってもらった。胃がんで入院していて、1週間くらい危篤状態だったので、なんどかお見舞いにいった。その最後のときだったたろうか、とうとうあぶないということで、埼玉の実家から群馬の病院までかけつけることになった。両親は早朝からいっていて車がない。しかも電車ではいけないところにあったので、当時、つきあっていたコに電話をして、車にのせていってもらうことにした。

病室につくと、両親と親戚が涙ぐんでいる。わたしが部屋にはいると、じいちゃんが意識をとりもどして、なにかわたしにはなしかけようとしていた。なんだろう。ちかづいてみると、一声だけこうはっした。「づぇっ、づぇっ」。タンをはきたいのだろうか。母親のほうをみると、「おじいちゃんがあなたになにかいいたいのよ」という。そうか、これが世にいう遺言ってやつか。わたしは気持ちをたかぶらせて、じいちゃんにちかづき、口元に耳をかたむけた。「なんだい、おじいちゃん」。そういうと、じいちゃんはとつぜん、はきすてるようにこうさけんだ。「づぇっづぇっ、さのらあめん」。えっ、なにをいっているのだろう。わたしはこまってしまい、顔をあげて親戚をみまわしたが、顔をそむけられた。母親のほうをみると、こうフォローしてくれた。「おじいちゃんは佐野ラーメンが好きだったからね」。うん、うん？　それからしばらくして、じいちゃんは亡くなった。**佐野ラーメン**。それがじいちゃんの遺言だ。

さいしょ、わたしはなんだかがっかりしてしまった。じいちゃんは大正生まれで、20代のときに第二次世界大戦を経験し、なんとか生きのびて、戦後のしんどい時期をきりぬけてきたひとだ。戦後、農業をやりつづけることだけでも、けっこうたいへんだったろう。そんなじいちゃんが最後になにをいうのかとおもったら、佐野ラーメンである。まじかよ。そうおもっていたのだが、だんだんと、いやそうじゃない、人間というのはそういうものなんだとおもえてきた。病院からのかえり、せっかくの遺言だからと、かの女と栃木県の佐野までいって、ラーメンを食べた。ひさびさに食べたそのラーメンは、鶏がらベースの醤油味。ひらたくてベラベラしたメンにスープがしみわたっている。さっそくメンをすすってみると、めちゃくちゃうまい。病院にいって緊張しきっていた自分のからだが、どんどんほぐれていくのがわかった。からだ中にエネルギーがしみわたっていく。ああ、これが生きているということか、もう死んだっていいや、いやいやちがう、もういちど、もういちど。うまいラーメンを食べてみたい。

わたしは、全力でメンをすすりながら、そうかそうかと、ひとりでうんうんうなずいていた。ニヤニヤしているのをみられて、となりにいたかの女に「気持ちわるい」といわれたのだが、わたしはうれしくてたまらない。わかったのだ。きっと、歳をとって死をまぢかにすると、よけいなものがとりはらわれていくのだろう。家のため、村のため、国のため、なにかしなくちゃいけないとか、そういう感情はすべてなくなっていく。遺産の配分がどうこうとか、これからの日本の農業のゆくすえはどうこうとか、そういうのはどうでもよくなっていくのだ。どうせ死ぬのであれば、最後の一瞬まで、いや最後の一瞬だけでもいいから、自分の欲望に忠実でありたい。胃がんで苦しみぬいたひとが、最後にはきすてるようにいったのは、自分の純然たる感情そのものであった。「ゔぇっゔぇっ、さのらあめん」。

被曝学生、ゼロ地点にたつ

そんなことがあってから、わたしはとてもわがままになった。放射能をあびて、いつだって死に直面させられているのに、いまさら社会に気をつかうなんて意味がわからない。やりたいこと、いいたいことをひかえるなんて、もうまっぴらごめんだ。だいたい貧乏人と学生は食事ひとつとったって、がまんを強いられすぎている。金持ちであれば、カネをかけて、テマヒマかけずにゼロベクレルでいることができるだろうし、一般家庭であっても、主婦ががんとがんばれば、安全な食材を手にいれることができるだろう。でも、一人暮らしでアルバイト生活、カネも時間もないひとは、どうしてもなにも考えずにやすいものに手をださざるをえない。激安のチェーン店で食事をとったりして、むちゃくちゃ被曝することだってあるだろう。しかたないと、自分にいいきかせて。

学生だっておなじことだ。カネがなく、しかも健康には自信のある年齢だから、おもいきりカモにされてしまう。たとえば、これは友人からきいたはなしなのだが、いま立命館大学の学食では、ふくしま定食というのが大人気らしい。きっとだれも買わない福島の食材が大学におしつけられたのだろう。野菜、コメ、海産物、そしてとってつけたような復興支援。ふつうからすれば、超豪華な食べ物が３００円くらいで提供される。じっさい、福島の食材というのは全国で１、２位をあらそうくらいうまいわけで、そんなものを食欲旺盛で貧乏な学生が食べてしまったら、もうやみつきだろう。こりゃうまい。

たぶん、おかしいとおもっている学生もおおいとおもうのだが、それでも放射能のことでウジウジいうのはヒステリーだとか、復興支援のためにはしかたないでしょうとかいわれるとおしだまってしまう。でも、ほんとうのところそんな必要はないのである。セシウムまみれの食材を食わされるということは、原発が爆発するのとおなじことだ。死に直面させられて、だまったままでいいのだろうか。はっきりしているのは、大学当局が貧乏学生をバカにしているということだ。どうせこいつらは怒らないと。わたしはじいちゃんの遺言にかけて、こういっておきたいとおもう。ふくしま定食のお盆をひっくりかえせ。がまんしなくてもいい、学生賃金をかちとって、まともな食事にありつこう。

もちろん、食事のことばかりではない。せっかく大学にはいっても、おおくの学生は、就活のためにああしろ、こうしろといわれて、4年間をムダにすごしてしまう。もしかしたら、やりたいことをやるために、自分の研究はこんなに社会の役にたちますとアピールして、政府や大学からカネをとろうとするひともいるかもしれない。また、ちゃんと就職して、老後の趣味として好きなことをやろうというひとだっているかもしれない。でも、いまわかっているのは、それではダメだということだ。たいていは初心をわすれてしまい、なにがやりたかったのかわからなくなってしまう。とりわけ、東北関東の人間に、そんな時間はどれだけのこされているのだろうか。わたしはもう純然たる感情に賭けてもいいのではないかとおもっている。恋がしたい、本がよみたい、おしゃべりがしたい、いっぱいかきたい、旅行がしたい、うまいものが食べたい、いますぐに。それができたら、死んでもいいのだとおもう。だいたい、そうおもっていると、おもしろくてまたおなじことをやってしまう。もういちど、もういちど。ゼロ地点はくりかえす。ひとはいつだって学生だ。いったい、わたしたちはあとなんど大学にいくことができるのだろうか。たえまないモラトリアムのために。学生に賃金を。これが本書の遺言だ。

【初出】

●はじめに　「借りたものは返せない」、『人民新聞』１５１４号、２０１４年5月5日

●補論１　同題、『現代思想』２００９年11月号、「特集 大学の未来」１４８‐１５７頁

●補論２　同題、『現代思想』２０１０年6月号、「特集 ベーシックインカム」１５４‐１６４頁

●第３章「〈借金人間製造工場〉としての大学」「奨学金制度の貸金業化」　「大学寓話集 その壱　狼と犬の時間戦争」、五井健太郎との共著、『情況』２０１２年９・10月号、１７４‐１８７頁を加筆修正

●補論３　同題、四方田犬彦・平沢剛編著『１９６８年文化論』毎日新聞社、２０１０年、１２８‐１５１頁

●第４章「非常勤講師の大量リストラ」　「現代日本の非正規労働者像」、安藤丈将との共著、『情況』２００５年10・11月号、１３４‐１４７頁を加筆修正

●第４章「大人用処世術概論」　同題、『月刊 Re-New Shock!! 』頻尿社、第2号、２０１１年7月

著者紹介

栗原　康（くりはら・やすし）

1979年埼玉県生まれ。早稲田大学大学院政治学研究科博士後期課程満期退学。現在は東北芸術工科大学で非常勤講師をつとめている。専門はアナキズム研究。著書に『G8サミット体制とはなにか』（以文社，2008年），『大杉栄伝――永遠のアナキズム』（夜光社，2013年）などがある。座右の銘は「はたらかないでたらふく食べたい」。好きな食べ物はビール。趣味はドラマ観賞および詩吟。

学生に賃金を

2015年2月5日　　初版第1刷発行

著者　栗原　康

発行者　武市一幸

発行所　株式会社　新評論

〒169-0051　東京都新宿区西早稲田3-16-28
http://www.shinhyoron.co.jp

電話　03（3202）7391
FAX　03（3202）5832
振替　00160-1-113487

定価はカバーに表示してあります
落丁・乱丁本はお取り替えします

装丁　五井健太郎
印刷　神谷印刷
製本　松岳社

ISBN978-4-7948-0995-7
Printed in Japan

好評既刊

白石嘉治・大野英士 編
【インタビュー：入江公康・樫村愛子・矢部史郎・岡山茂・堅田香緒里】

増補 ネオリベ現代生活批判序説

「日本で初めてのネオリベ時代の日常生活批判の手引書」（酒井隆史氏）。
［四六並製　320頁　2400円　ISBN978-4-7948-0770-0］

矢部史郎／聞き手・序文：池上善彦

放射能を食えというならそんな社会はいらない、ゼロベクレル派宣言

原発事故直後に東京を脱出した異色の思想家が語る「フクシマ後」の世界像。
［四六並製　212頁　1800円　ISBN978-4-7948-0906-3］

現代理論研究会 編
【寄稿：アンナ・R 家族同盟／栗原康／白石嘉治／田中伸一郎／村上潔／森元斎／矢部史郎／マニュエル・ヤン】

被曝社会年報 #01　2012-2013

「放射能拡散後」の思考と言葉をときはなち，「学」の概念を刷新する試み。
［A5並製　232頁　2000円　ISBN978-4-7948-0934-6］

ちだい

食べる？　食品セシウム測定データ745

人気ブログ『チダイズム』管理人が贈る，決定版・食品汚染状況データブック。
［B5変型　224頁　1300円　ISBN978-4-7948-0944-5］

岡山　茂

ハムレットの大学

大学と，そこで紡がれる人文学の未来を「3.11以後」の視座から編み直す。
［四六上製　304頁　2600円　ISBN978-4-7948-0964-3］

アラン・ド・リベラ／阿部一智・永井潤 訳

中世知識人の肖像

闇に閉ざされていた中世哲学と知識人像の源流に光をあてる挑戦的労作。
［四六上製　476頁　4500円　ISBN4-7948-0215-3］

【表示価格：税抜本体価】